오십의 멋

오십의 멋

중년의 라이프에 품격을 더하는 법

와코 모나미 지음
김슬기 옮김

유노
북스

• 이 나이에 무슨 멋이냐고 생각했던 제가 매일 뭘 입을지 행복한 고민에 빠졌을 뿐만 아니라 미란다 엄마처럼 정열적으로 일에 임할 수 있게 되었어요. (AT 씨, 44세)

• 미란다 엄마를 알게 된 후부터 어른의 멋을 손에 넣기로 결심했어요. 40년간 유지했던 긴 머리를 단발 보브로 싹둑 잘랐더니 머리에 어울리는 옷이 늘어났어요. (시폰 씨, 59세)

• 옷을 '왠지, 일단' 하는 마음으로 사는 것이 아니라 '나를 행복하게 해 주는 것'만을 엄선하게 됐어요. 이제는 애정을 갖고 옷을 내 분신처럼 관리해요. (루크 씨, 40세)

• 미란다 엄마에게 개인 레슨을 받을 때 '허리에 살이 신경 쓰여요'라고 상담했는데 얼마 후 임신 진단을 받았어요. 이상적인 엄마, 일하는 여자를 목표로 조금씩 옷장을 돌보고 있어요. (비와 씨, 37세)

• 미란다 엄마의 관리법은 연대를 불문하고 공부가 돼요. 엄마에게도 미란다 엄마를 소개시켜 줘서 20대와 50대가 함께 잘 보고 있어요. (도모카 씨, 29세)

- 미란다 엄마의 옷장 수납법을 참고했더니 쓸데없는 쇼핑이 줄고 코디가 즐거워졌어요. 쇼핑과 멋이 더 이상 무섭지 않아요. (노도카 씨, 47세)

- 육아 휴직이 끝나고 회사에 복귀했을 당시 불안한 마음이 가득했는데 미란다 엄마의 말과 패션이 큰 힘이 되었어요. 등을 곧게 펴고 오늘도 다녀오겠습니다!! (초코민트 씨, 38세)

- 육아에 열중해서 멋을 잊고 지내다 정신을 차리고 보니 포기 상태이더라고요. 그런데 미란다 엄마는 아낌없이 멋을 가르쳐 줍니다. 이제 55세의 멋이 즐거워요! (안즈 씨, 55세)

- 환갑을 지나도 멋을 즐기면 된다며 마법처럼 용기를 준 사람이 미란다 엄마였어요. (도모코 씨, 63세)

- '좋아하는 색은 어울린다'는 미란다 엄마의 말에 자신감을 회복했어요. 어째서인지 이직까지 성공했어요. (하루카 씨, 53세)

오십의 멋,
놓치지 않기로 했다

.

"당신을 20대로 다시 데려가 드릴게요."

만약 눈앞에 마법사가 나타나 이렇게 말하면 당신은 어떻게 할 건가요? 저라면 주저 없이 이렇게 대답하겠습니다.

"귀찮으니까 됐어요."

젊음이란 분명히 근사합니다.

젊을 때는 기력도 체력도 충분하고 건강 검진 결과 때문에 마음 졸일 필요도 없으며 허리도 잘록하고 피부와 머리카락에도 윤기가 흐릅니다.

하지만 20대의 저는 매일이 고민과 실패의 연속이었습니다.

'어째서 나는 인기가 없을까?'

'저 친구보다 더 많이 일하는데 왜 나는 인정받지 못할까?'

말 그대로 짜증과 콤플렉스 덩어리였습니다. 이런저런 일로 끙 끙 앓고 스트레스를 해소하기 위해 좋아하는 옷을 잔뜩 사서 예금 통장의 잔고가 천 원까지 떨어진 적도 있습니다.

그런 젊음이 그립기도 하지만 다시 한 번 그런 힘든 시기를 보내고 싶진 않다는 생각이 더 많이 듭니다.

어른이 돼서 좋은 점은 뭘까요? 하나는 존재감이 커진다는 점입니다. 또 다른 하나는 경험이 쌓여 지혜가 생긴다는 점입니다.

예를 들어, 젊은 여성이 명품 가방을 들면 능력도 안 되는데 무리해서 샀거나 누군가에게 선물을 받았다는 인상을 줍니다. 이런 고가의 상품이 산뜻하고 자연스럽게 어울리기 시작하는 때는 성숙한 여성이 되고 난 후부터입니다. 그때가 되면 명품이나 개성이 강한 옷을 입어도 당신의 지성과 여유가 돋보입니다. 이런 분위기야말로 성숙한 여성만이 가질 수 있는 특권이 아닐까요?

저는 대학을 졸업하고 16년간 대형 의류 기업에서 일했고 그후 꽃을 다루는 일로 사업을 시작했습니다. 그리고 4년 전부터 인연이 닿아 다시 한 번 패션 일을 하게 되었습니다. 인생 삼모작이라는 말이 있죠.

일을 하며 크고 작은 문제가 일어나도 지금까지 쌓아 온 경험과 지혜를 총동원하면 젊었을 때에 비해서는 실패하거나 에돌아가는 일 없이 요령 있게 대처할 수 있는 듯합니다.

그런 이유로 성숙한 어른이 되고 난 후의 1년은 젊었을 적 1년의 1.5배와 같습니다. 속이 꽉 차 있어 충실하고 온화하게 즐거운 시간을 보낼 수 있습니다.

나이가 들어 얻을 수 있는 것은 결코 돈으로는 살 수 없습니다.

젊음은 나이와 함께 점차 사라져 버리지만 그보다 근사한 것을 손에 넣을 수 있습니다. 이를 놓치지 말고 꼭 붙잡기를 바랍니다.

성숙한 어른이 되어야만 즐길 수 있는, 당신만이 가질 수 있는 멋을 누리고 즐겨 보지 않으실래요?

지금까지 저의 경험과 노하우가 당신의 멋을 높이는 데 도움이 되기를 간절히 바라고 기대합니다.

미란다 엄마

와코 모나미

1장 성숙한 어른만이 소화할 수 있는 멋

폼 나게 잘 입는 법 _____

2장 도전하는 오십은 아름답다

새로운 '나만의 스타일'을 만드는 법 _____

3장 꾸준한 관리가 필요한 일들

현명하게 소비하는 법 _____

4장 오십의 멋을 한층 끌어올리려면

몸과 마음을 가꾸는 법 _____

5장 인생의 품격을 결정하는 중년의 시간

현재를 누리고 즐기는 법 _____

성숙한 어른만이
소화할 수 있는 멋

폼 나게 잘 입는 법

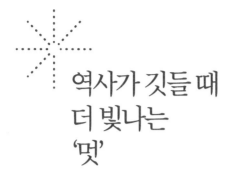

역사가 깃들 때
더 빛나는
'멋'

구찌, 생 로랑, 셀린느 같은 해외의 고급 브랜드는 수년에 한 번씩 크리에이티브 디렉터가 바뀝니다.

패션은 늘 변화하기 때문에 시대를 선점하고 고객을 질리지 않게 하기 위한 전략인 셈입니다. 브랜드가 젊음을 되찾는 방법인 것이죠.

새로운 크리에이티브 디렉터는 취임 후 반드시 하는 일이 있습니다. 브랜드의 역사를 확실하게 연구하는 일입니다.

과거부터 축적해 온 훌륭한 아카이브를 살펴보고 거기에 새로운 창작을 가미함으로써 타 브랜드는 흉내 낼 수 없는 독자적인 세계를 만들 수 있기 때문입니다.

만약 샤넬의 브랜드 로고가 아직 아무런 실적도 내지 못한 신인 디자이너가 만든 것이라면 당신은 그렇게나 고가의 가방을 살 건가요?

샤넬의 로고는 단순히 기호가 아닙니다.
혁신적인 착장으로 일하는 여성의 라이프
스타일을 바꾼 코코 샤넬과 칼 라거펠트처
럼 후세에 이름을 남긴 디자이너의 역사를
고스란히 담고 있습니다.

역사가 없는 멋은 그 깊이가 얕습니다.

아주 평범한 옷을 평범하게 입어도 입는 사람의 성격이 베어나와서 다른 사람과는 다르게 보이는 것. 그것이 바로 어른의 멋의 묘미입니다.

명품을 몸에 걸치는 것 이상으로 당신 스스로가 명품이 되는 멋을 찾아나서 볼까요?

유행하는 옷만
가득한 옷장은
중년과 어울리지 않다

　잡지나 책에서 '정성스러운 생활'을 다룬 특집을 보면 왠지 모르게 마음이 치유되는 느낌을 받습니다.

　주변에 있는 물건을 정성스레 다룰 수 있는 사람은 분명 자신뿐만 아니라 타인에게도 점잖고 다정할 것만 같습니다.

　그런데 인스타그램을 보면 매번 갓 발매된 새 옷을 입고, 심지어 같은 옷은 두 번 다시 입지 않는 사람들이 있습니다. 모델도 스타일리스트도 아니라면 대체 이 사람들의 옷장은 어떻게 되어 있을까 하며 (쓸데없는 참견이지만) 걱정할 때가 있습니다.

　유행은 끊임없이 변해 가는 법이기 때문에 모든 유행을 따라가려 하면 끝이 없습니다. 싸다는 이유로 사들인 옷은 이렇다 할 기억도 추억도 없이 그저 눈앞을 스쳐 지나갈 뿐입니다.

이것이 진정 여유 있는 멋일까요?

성숙한 어른이라면 옷을 좀 더 고상하게 대할 수 있지 않을까요?

사물을 대하는 태도에서 그 사람의 인격이 비칠 때가 있습니다.

멋을 일회용처럼 소비하면 자신뿐만 아니라 타인도 가볍게 여기는 사람으로 비춰지기 때문에 손해가 크다고 생각합니다.

유행하는 옷만 사들이는 것 역시 우리 어른들이 두려워하는 '창피하고 민망한 사람'이 되는 길이기도 합니다.

무더운 여름에 패스트 패션(fast fashion, 최신 트렌드를 즉각 반영하여 빠르게 제작하고 빠르게 유통시키는 의류) 브랜드의 프린트 드레스를 입고 외출한 적이 있는데, 지하철에서 바로 눈앞에 앉은 젊은 여성이 저와 똑같은 옷을 입고 있었던 경험이 있습니다.

'유행하는 옷'만 입는다는 것은 결국 젊은 친구들과의 경쟁에 뛰어들어 자폭을 감수하는 것과 다름없습니다. 어떻게든 피하고 싶은 일이죠.

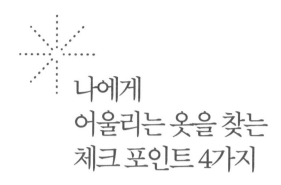

나에게
어울리는 옷을 찾는
체크 포인트 4가지

여러 대학 의학부에서는 임상 실험에 들어가기 전 학생들에게 백의를 수여하는 '가운식(white coat ceremony)'을 합니다.

사람의 목숨을 다루는 프로로서의 자각을 일깨워 주기 위함입니다. 실제로 주의력이 요구되는 일을 할 때 의사나 과학자의 상징인 흰 가운을 입으면 작업의 능률이 오른다는 연구 결과도 있다고 합니다.

마음으로 그리는 이상(理想)을 드러내는 옷을 입거나 액세서리를 착용하면 자신감이 점차 강해져서 일의 성과에도 영향을 미치는 것입니다.

만약 의사가 흰 가운 대신 '지옥으로 떨어져라!', '나는 아직 열심히 하지 않았을 뿐' 같은 문구가 적힌 티셔츠를 입고 있다면 어떨까요? 환자들은 '이 선생님, 괜찮은 걸까?' 하는 생각이 들어 불안해 할 것이고, 그 옷을 입고 있는 의사 본인도 자신감을 갖고 일할 수 없을 것입니다.

나답지 않다거나 왠지 모르게 자신이 없다는 생각을 자아내는 옷을 입으면 '나는 그 자리에 어울리지 않아', '가치가 없어' 같은 패배감을 낳습니다.

'어른의 멋'을 논할 때 꼭 기억해야 할 네 가지 체크 포인트가 있습니다.

① 그 옷을 입으면 설레나요?
② 그 옷을 입고 쾌적하게 생활할 수 있나요?
③ 당신의 지위나 역할에 어울리나요?
④ 당신의 매력이 잘 드러나나요?

입을 때마다 설렘을 느낄 수 있는 옷, 입었을 때 편안하고 쾌적하고 일상생활에 무리가 가지 않는 옷, 사회적 지위나 역할에 잘 어울리고 당신의 매력이 잘 드러나는 옷. 이 네 가지가 충족되면 '자신감'이 만들어집니다.

'너무 튀지 않아서', '내 나이에 어울릴 것 같아서', '잡지에서 추천해서' 같은 단순한 이유만으로 옷을 골랐다가 결국 옷을 고르는 기준이 사라져서 다시 출발점으로 되돌아왔다고 말하는 분이 적지 않습니다.

만약 미로에 들어섰다면, 이 옷이 맞는지 의문이 든다면 위의 네 가지 체크 포인트를 만족시키는지 확인해 보세요.

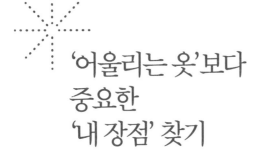

'어울리는 옷'보다 중요한 '내 장점' 찾기

자신감을 갖기 위한 몇 가지 사실을 조금 더 살펴보려 합니다.

여자들만 모인 자리에서 다른 사람들과 당신을 남몰래 비교하며 '나는 그래도 이 중에서 꽤 괜찮은 편'이라고 생각한 적 없으신가요? 여성들에게 다른 사람과 비교하지 않기란 참 어려운 일입니다.

패션이란, 대중화된 것을 부정하고 다음 세대를 내다보고 새로운 것을 만드는 일이기 때문에 멋의 본질은 다른 사람과의 차별화입니다. 따라서 진정한 멋은 '우열'이 아니라 '다른 사람과 다르다는 것'이고, 그것에 더 많은 가치가 있다고 생각합니다.

개인 컨설팅으로 고객을 만날 때 제가 반드시 던지는 질문이 있습니다.

"당신의 외모의 장점을 세 가지 꼽아 보세요."

그럼 이런 대답들을 들려줍니다.

"저는 골반이 많이 나와 있는 서양배 체형이라…"

"가슴이 커서 뭘 입어도 뚱뚱해 보여서…"

이처럼 외모 중 마음에 들지 않는 곳만 얘기합니다.

"그게 아니라 장점은 무엇인가요?"라고 물으면 허공을 바라보며 "음~" 하고 대부분 입을 다물어 버립니다. 제가 보기에는 세 가지 이상으로 더 많은 장점을 가졌는데도 말이죠.

왜 이런 질문을 던지는가 하면, 다른 사람과 차별화되기 위해서는 현재의 자신의 장점을 직시하는 것부터 시작해야 하기 때문입니다. 형편없는 내 모습을 원망할 게 아니라 스스로 자신의 장점에 스포트라이트를 비춰 보는 것이죠.

나이가 들면서 노화가 시작되었음을 느끼면 점차 자신감을 잃게 됩니다. 그런 때일수록 더더욱 스스로의 매력을 재발견해 보았으면 합니다.

저는 167센티미터의 큰 키와 길쭉길쭉한 팔다리가 장점이라고 생각합니다. 긴 다리를 강조하는 편이 더 보기 좋아서 제법 화려하고 큰 무늬의 바지를 입을 때도 많습니다.

얼굴형은 둥글고 이목구비가 또렷해서 무늬가 있는 상의는 피하는 편입니다. 본래 많지 않은 머리숱이 나이가 들면서 더 줄어서 50세 이후부터는 짧은 머리를 유지하고 있습니다. 덕분에 짧은 머리에 어울리는 큰 귀걸이와 심플한 상의를 즐겨 입게 되었습니다.

이런 식으로 나만의 장점을 연구하면 '나만의 스타일'이 탄생합니다. 자신에게 어울리는 것과 어울리지 않는 것을 더 쉽게 취사선택할 수 있는 것이죠.

아무리 요즘 유행한다 해도 내가 아름답고 맵시 있게 보이지 않는다면 굳이 입을 필요가 없습니다.

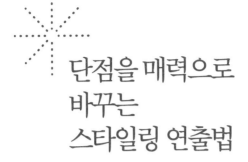

단점을 매력으로
바꾸는
스타일링 연출법

　자신의 장점을 찾는 일은 생각보다 참 어렵죠. 자, 이번에는 보는 관점에 따라서 단점이 장점이 되기도 한다는 이야기를 해 보겠습니다.

　요리 연구가 하마우치 치나미(浜内千波) 씨는 자신의 장점을 잘 살리는 여성 중 한 명이라고 생각합니다. 하마우치 씨는 긴 팔다리와 늘씬하고 큰 키가 정말 매력적입니다. 특히 가늘고 긴 목선은 마치 발레리나를 연상시킵니다.

　중년 여성 중에서는 형편없이 여윈 목 주변을 필요 이상으로 의식해서 옷깃이 목을 완전히 덮는 하이 네크라인밖에 입지 않는 분도 적지 않습니다.

하지만 하마우치 선생님은 늘 크고 깊게 패인 V자형이나 U자형 네크라인 상의를 입습니다. 순전히 제 추측이지만, 여윈 목 주변을 단점이라고 여기지 않고 오히려 자신의 긴 목과 아름다움을 드러내기에 더 좋다고 생각하는 것처럼 느껴집니다.

다시 말해서 외모의 장점과 단점은 사실 백지 한 장 차이라는 것입니다. 스스로 어떻게 인식하느냐에 달려 있습니다.

늘 결점이라고 생각했던 점이 사실은 장점이 되는 일도 종종 있습니다. 가끔은 친구나 가족처럼 속속들이 아는 사이에게 물어 보는 것도 좋을지 모릅니다.

고희를 지나서도 현역에서 일하고 있고, 패션 디자이너로서뿐만 아니라 센스나 삶의 방식 덕분에 폭넓은 세대의 여성에게 큰 인기를 얻고 있는 시마다 준코(島田順子) 씨.

실례지만 그녀는 얼굴이 아주 예쁜 것도 아니고, 스타일이 대단히 좋은 것도 아닙니다. 하지만 표지만 봐도 시마다 씨의 책이라고 알아차릴 만큼 압도적인 개성이 있습니다. 회색 머리와 귀

여운 얼굴, 이 모든 것이 그녀를 더 도드라지게 하는 액세서리로
보입니다.

다른 사람과 압도적으로 차별화되는 멋은 자신의 장점을 재발
견한 여성만이 손에 넣을 수 있는 선물이자 특권입니다.

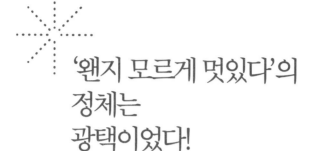

'왠지 모르게 멋있다'의 정체는 광택이었다!

1960년대에 태어난 버블 세대(저도 포함됩니다)는 왠지 모르게 반짝반짝 빛이 나서 금세 알아볼 수 있습니다. 목걸이와 귀걸이, 여러 개의 반지, 핸드백에 달려 있는 스와로브스키의 반짝이는 곰, 구두 끝도 반짝반짝, 손톱에도 반짝이는 큐빅이 박혀 있습니다. 경기가 아무리 나빠져도 화려함을 잃지 않습니다.

이 세대의 패션을 볼 때면 '반짝임'을 줄이고 '광택'에 주목한다면 더 멋지지 않을까 하는 생각이 듭니다. 지나친 멋이 오히려 늘어난 주름과 처진 피부를 더 도드라지게 하면 손해거든요.

한편, 단카이 주니어 세대부터 빙하기 세대(잃어버린 세대)에 해당하는 1970년대생은 대부분 단조로운 패션을 선호합니다.

"검은색, 남색, 흰색 옷밖에 없어요. 다른 색은 좀 튀지 않을까요?"

아주 보수적이고 여성스러움이나 아름다움을 회피하는 분이 많은 듯합니다.

어떤 세대든 멋있어지기 위한 처방전은 '반짝반짝, 번쩍번쩍'이 아니라 '반들반들'을 더하는 것입니다.

매끄러운 실크나 가늘고 광택이 나는 실로 짠 니트, 질감이 좋은 가죽 줄로 만든 손목시계, 끝이 둥글고 빛이 나는 송아지 가죽 펌프스처럼 깊은 곳에서 나오는 절제된 광택은 그 사람을 고급스럽고 우아하게 만들어 줍니다.

'광택감 편향'이라는 말을 아시나요?

디자이너 법칙 중 하나로, 사람은 광택이 없고 수수한 물체보다 광택이 있는 물체를 더 매력적이라고 생각한다는 법칙입니다.

물체의 표면에 광택이 있다는 것은 가까운 곳에 물이 있다는 증거입니다. 물을 확보하는 일은 원시생활에서 매우 중요했기 때문에 현대인에게도 그 감각이 이어져 내려

와 인간은 광택이 있는 물체에 더 매력을 느끼는 겁니다. 자동차나 가전제품 같은 것도 광택이 없는 편보다 있는 편을 더 매력적이라고 인식합니다.

그러니 반짝거리는 신상 펌프스보다는 광을 낸 송아지 가죽 펌프스를 신어 보세요. 어딘가 한 곳에 꼭 광택감을 넣어 보세요.

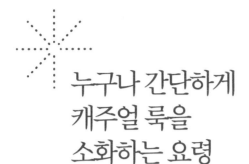

누구나 간단하게
캐주얼 룩을
소화하는 요령

"격식을 차려야 하는 자리에 입고 갈 옷은 있는데 캐주얼 룩은
왠지 자신이 없어요."

많은 여성분이 공감하실 겁니다. 가진 옷이라고는 정장과 원피
스, 잠옷밖에 없다는 커리어 우먼들이 적지 않습니다.

최근 수년 사이 복장에 제한을 두지 않는 회사가 늘었습니다.

퇴근길에 학교나 헬스장, 취미 생활을 하러 가거나 새로 생긴
상업 시설에 들를 때 가벼운 마음으로 가고 싶지만 '이 차림으로
는 못 가겠다'는 생각이 들면 조금 아쉽겠죠.

옛날에는 테일러드 재킷에 몸에 딱 붙는 치마와 힐 펌프스처럼

빈틈없는 패션으로 바지런히 일하는 모습이 멋지다고 여겨졌습니다.

하지만 이미 실력을 갖춘 여성이라면 슈트를 입고 높은 구두를 신어 주위 사람을 위협할 필요가 없습니다. 오히려 너무 꼭 맞는 패션은 까탈스럽고 다가가기 힘든 인상을 줍니다.

캐주얼 룩을 성공적으로 소화하기 위해서는 일단 '외출복과 평상복은 별개'라는 생각을 버려야 합니다. 편안한 옷이라고 꼭 저렴한 법도 없습니다.

캐주얼 룩을 잘 소화하기 위한 열쇠는 '섞어 입기'입니다. 초등학생들도 입는 캐주얼에 여성스러움이나 남성스러움을 가미하면 됩니다.

트레이닝복에 데님, 스니커즈처럼 머리부터 발끝까지 캐주얼한 아이템을 착용하면 다소 과해 보입니다. 학교 운동장에서 뛰어 노는 아이와 다를 바 없는 모습이죠.

스니커즈와 티셔츠 같은 캐주얼한 아이템을 골랐다면 더 이상 캐주얼한 옷은 필요 없습니다. 그다음에는 완전히 반대편에 있는 우아한 스커트로 여성스러움을 가미하거나 딱 맞는 재킷을 입어 남성스러움을 강조하면 어른스러운 캐주얼 룩이 완성됩니다.

보타이가 달린 실크 블라우스나 레이스, 프릴, 속이 비치는 소재를 사용한 페미닌한 아이템을 입는다면 딱 그것 한 가지만. 그 외에는 멋진 바지를 매치해 쿨하게 연출하거나 데님을 입어서 캐주얼한 느낌을 가미하면 어른스러운 캐주얼 룩이 완성됩니다.

스타일 팁

○ 매니쉬한 재킷과 페미닌한 치마에 말쑥한 아이템과 티셔츠, 스니커즈를 함께 매치해 캐주얼한 맛을 더하자.

○ 여성스러운 시스루 소재의 블라우스에 청바지를 매치해 캐주얼한 느낌을 더하자.

○ 매니쉬한 밀리터리 재킷에 여성스러운 플리츠 스커트를 매치해 어른스러운 느낌을 살리자.

○ 더 캐주얼하게 입고 싶다면 오버사이즈의 슈트를 선택하자. 테일러드 재킷과 정장 팬츠일지라도 여유 있게 입은 것만으로도 캐주얼해 보인다.

○ 정장 재킷 안에 셔츠나 블라우스 대신 티셔츠를 입어 보자. 훌륭한 캐주얼 룩이 완성된다.

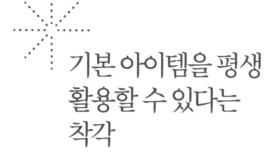

기본 아이템을 평생 활용할 수 있다는 착각

'기본 아이템은 평생 활용할 수 있다'는 말을 종종 잡지에서 볼 수 있는데 사실 그런 경우는 그리 많지 않습니다.

패션은 낡은 것을 허물고 새로운 것을 만들며 진화하기 때문에 옷의 재료로 사용되는 것 중 낡지 않는 것은 없습니다.

오히려 꼼데가르송이나 요지 야마모토 같은 디자이너 브랜드는 시대의 분위기보다는 만드는 이의 개성이나 디자인을 전면에 내세우기 때문에 10년 전의 옷이 전혀 낡아 보이지 않기도 합니다.

특히 데님, 흰 셔츠, 니트, 재킷 등 디자인이 심플한 기본 아이템일수록 이목을 끄는 포인트가 없기 때문에 소매의 볼륨이나 길이감, 옷깃이나 커프스(와이셔츠나 블라우스의 소맷부리)의 크기나 위치 같은 디테일에서 유행이 여실히 드러납니다.

가장 기본적인 옷을 만드는 유니클로의 메리노 울 니트조차 매년 네크라인을 바꾸거나 품이나 소매를 다는 위치를 바꾸는 등 시대에 맞춰 미세한 조정을 반복하고 있습니다.

이런 기본 아이템은 손이 많이 가기 때문에 빨리 낡습니다. 따라서 비싼 것을 사는 대신 적당한 가격대의 상품 중 질이 좋은 것을 구입해서 상의와 하의는 3년, 재킷은 5년을 기준으로 전부 교체하는 편이 좋습니다.

우리는 현대 사회 속에서 늘 정보를 업데이트하면서 생활합니다. 아직까지 다이얼식 전화기를 사용하거나 자료를 우편으로 보내 달라고 하는 사람이 있다면 시대에 동떨어진 둔한 사람이라고 여겨질 것입니다.

시대감각을 적절하게 유지하는 사람이 되고 싶다면 일정 기간마다 기본 아이템을 전부 교체할 필요가 있습니다.

스타일 팁

∘ 개성 있는 브랜드는 오래된 것과 새것을 조합해도 훌륭한 코디가 된

1장 · 성숙한 어른만이 소화할 수 있는 멋

다. 다시 말해 다른 연대에 생산된 것들을 조합해도 위화감이 없다.

◦ 개성 있는 드레스는 세월이 흘러도 신선하다.

◦ 유행에 관계없이 개성 있는 색과 무늬의 디자인은 몇 년이 흘러도 신
선하게 입을 수 있다.

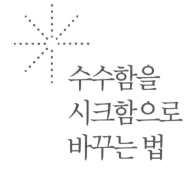

수수함을
시크함으로
바꾸는 법

누구나 갖고 있을 법한 기본 아이템을 입었을 때 세련되고 시크해 보이는 사람이 있는가 하면 그냥 수수해 보이는 사람이 있습니다. 어떤 차이가 있는 걸까요?

머리끝부터 발끝까지 검은색으로 맞춰 입은 심플한 옷이 그냥 수수해 보이지 않으려면 '소재에 변화'를 주어야 합니다. 같은 검은색이라 해도 속이 비치는 실크 소재, 기모 소재의 푹신푹신한 모헤어, 가죽 소재에서 느껴지는 인상은 완전히 다릅니다.

빛이 반시되면서 차이가 생기기 때문입니다. 반사의 차이가 입체감을 만들기 때문에 다른 소재를 조합하면 마치 다른 색을 입은 것처럼 음영이 생깁니다.

전체적으로 동일한 소재의 옷을 입으면 빈틈 하나 없는 슈트로 보이거나 재미가 부족해서 밋밋한 인상을 주기 쉽습니다.

옷은 '디자인', '소재', '색'의 3요소로 이루어져 있습니다.

디자인이나 색에는 민감하면서도 어째서인지 소재에는 별로 신경을 쓰지 않는 사람이 많은데, 색과 디자인이 단조로운 옷일수록 변화를 준 소재를 선택하는 것이 중요한 열쇠입니다.

밋밋해지지 않기 위한 요령 중 하나는 '빛 더하기'입니다.

검은 바지에 검은 셔츠, 검은 선글라스를 쓴 해외 패셔니스트가 멋져 보이는 이유는 머리카락이 금발이거나 밝은 갈색이기 때문입니다. 머리는 우리 몸의 20퍼센트를 차지합니다. 때문에 머리카락이 까만 아시아인은 서양인과 똑같은 옷을 입어도 머리가 무거워 보이고 수수한 인상을 줍니다.

머리카락이 검은 아시아인은 금발을 대신할 수 있는 것을 더해야 합니다. 반짝이는 액세서리나 손목시계, 금색 혹은 은색 가방이나 구두, 부츠 등을 착용해 몸 전체의 20퍼센트에 빛을 더하는 것입니다. 특별히 화려한 색을 더하지 않아도 색조는 시크하면서도 전체적으로 화려함이 드러납니다.

스타일 팁

◦ 가죽 라이더 재킷은 검은색 코디의 감초 역할을 한다. 검은색에 변화를 주고 싶을 때 가죽은 좋은 선택지다. 깊은 광택감이 스타일링에 입체감을 준다.

◦ 같은 검은색이라도 소재를 섞으면 '새카맣고 밋밋한 사람'이 되지 않는다. 매끈매끈한 질감의 외투에 울 소재의 랩스커트를 매치해 보면 어떨까? 소재에 변화를 주면 단조로운 색상의 옷차림도 경쾌해 보인다.

◦ 디자인이 독특하면 검은색도 화려하게 보인다. 속이 비치는 소재나 스트라이프, 바지의 옆 라인 등 독특한 디자인이 가미되면 시크한 남색도 평범해 보이지 않는다.

◦ 개성 있는 디자인의 치마로 포인트를 주면 어떨까? 베이직한 스웨트셔츠와 스니커즈에 개성 넘치는 스커트를 매치하면 단조로운 색상이라도 코디에 포인트를 줄 수 있다.

◦ 빛이 나는 소재로 만들어진 옷을 입으면 평범함에서 벗어날 수 있다. 금색이나 은색 실로 짠 니트는 액세서리를 대신할 수 있다. 상반신에 빛을 더해서 평범함에서 벗어나자.

◦ 칼라가 썽빔하다면 액세서리로 빛을 더하자. 머리끝부터 발끝까지 검정색과 회색으로 코디했다면 액세서리나 구두의 광택이 돋보인다

는 것을 기억하자.

◦ 검정색이나 갈색이 너무 무거워 보일까 걱정된다면 적당히 힘을 빼

고 반짝이는 구두와 가방으로 화려함을 더해 주자.

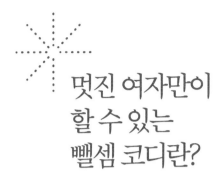

멋진 여자만이
할 수 있는
뺄셈 코디란?

제가 16년간 의류 업계에서 일을 하며 늘 느낀 점이 있습니다.

가게의 마네킹에 디스플레이를 할 때 옷만 입히면 어쩐지 부족한 느낌이 들어서 모자나 액세서리를 2개, 3개 더하게 되는데, 막상 고객이 마네킹과 똑같이 입은 걸 보면 뭔가 하나를 빼야 딱 좋다고 느낄 때가 많았습니다.

사람이 갖고 있는 분위기는 액세서리를 대신합니다. 성격이 점차 확립되는 중년 세대는 치렁치렁 꾸밀 필요가 없음을 고객을 통해 배웠습니다.

어른의 멋은 덧셈보다 뺄셈입니다. 다만 어딘가 한 곳에는 화려함이 필요합니다.

커다란 쇼윈도에 진열할 3개의 마네킹에 옷을 입힌다면 가운데 마네킹은 눈에 잘 띄는 색이나 무늬, 반짝이는 액세서리를 더해서 사람들의 시선이 멈추게 합니다.

한 명의 주연과 두 명의 조연 배우가 영화 포스터용 사진을 찍는다면 주연 배우가 도드라지게 구도를 잡습니다. 사람들의 시선은 반드시 '여기 좀 봐 주세요' 하고 호소하는 '초점'이 있는 곳에 멈춥니다.

옷을 코디할 때에도 '디자인', '색', '소재' 중 한 가지에 힘을 주었다면 그 외에는 깔끔하게 뺄셈을 하는 것이 좋습니다.

특징이 있는 디자인, 눈에 잘 띄는 무늬, 반짝이고 화려한 소재를 하나 사용했다면 나머지 아이템에서는 힘을 빼는 것이죠.

그렇게 하면 주연이 한층 더 도드라지고 '무슨 말을 하고 싶은지를 단번에 알 수 있는' 코디가 완성됩니다.

하지만 반대로 뺄셈을 해서 시선을 끄는 것이 하나도 남지 않으면 수수하기만 하고 눈에 잘 띄지 않는 사람이 될 수 있으니 주의가 필요합니다.

우선은 뺄셈으로 심플한 토대를 만들고 화려함을 한 가지 더해 보세요.

스타일 팁

○ 화려한 프린트를 주연 삼아 옷을 코디하라. 요령이 있다면 화려하고 대담한 프린트를 소화할 때는 나머지 아이템은 차분하게 눌러 코디해야 한다.

○ 반짝이는 소재와 자연의 색을 매치하면 중립적이고 밝은 인상을 준다.

○ 개성 있는 포인트 주얼리를 제외한 모든 아이템은 전부 베이직하게 코디하라.

○ 개성 있는 스커트는 특별한 코디가 필요 없다. 주연을 하나로 줄이고, 그 밖의 아이템은 심플한 것으로 골라서 코디를 완성하라.

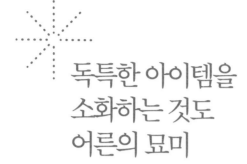

독특한 아이템을
소화하는 것도
어른의 묘미

시마다 준코 씨는 뱀 무늬 바지나
망사 스타킹에 웨스턴 부츠를 매치하
는 등 '꽤 공격적인' 아이템을 아무렇
지 않게 착용합니다. 그럼에도 뱀 무
늬가 아니라 시마다 씨에게 확실히

눈이 갑니다. 화려한 옷에 밀리는 듯한 느낌이 전혀 들지 않는 걸
보면 역시나 대단하다는 생각이 듭니다.

이런 식으로 꽤 강렬하고 다소 야한 옷을 아무렇지 않게 소화
할 수 있는 것도 중년만이 누릴 수 있는 즐거움이 아닐까요?

20대 때의 일입니다. 한 번은 회사 선배에게 물려받은 꽤 고급스러운 아스트라한 모피(새끼 양의 꼬불꼬불한 털이 붙은 모피) 코트를 입고 미팅에 나간 적이 있습니다. 하지만 당연하게도 결과는 좋지 않았습니다. (웃음)

지금 생각해 보면 무서운 언니로밖에 보이지 않았을까 싶습니다. 그 일을 겪은 후 저는 모피를 입으면 '늙어 보이고 무서워 보인다'고 생각해서 더 이상 손을 대지 않았습니다.

그런데 50대가 된 후 어느 날, 좋아하는 브랜드의 화려한 표범 무늬 페이크 모피 코트가 눈에 들어와 입어 봤는데 몸에서 힘이 쭉 빠질 정도로 잘 어울렸습니다.

모피 코트를 어떻게 코디할까 고민이 많았습니다. 모피 코트라고 해서 격식을 차린 듯 입는 게 아니라 니트 모자나 스니커즈를 매치하는 등 캐주얼하게 입으면 재미있을 거라는 생각이 들었습니다. '진정한 멋이란 이런 걸까' 하며 내심 기분이 좋아졌습니다.

수개월 동안 팀을 꾸려 만든 상품의 프레젠테이션을 하거나 무대에 서는 등 팀 전원이 초긴장 상태에 있을 때 센스 있는 농담을 툭 던져서 분위기를 풀어 주는 사람이 있죠. 어른의 여유란 바로 그런 게 아닐까 생각합니다.

커다란 코스튬 주얼리(값싼 금속과 모조 보석으로 제작한 주얼리)나 모조품 냄새가 나는 큰 선글라스, 대담한 프린트 무늬, 형광색은 패션을 즐기고 설렘을 느끼면 자연스럽게 어울리기 시작합니다.

젊을 때는 문턱이 높았던 아이템이 여유를 드러내는 아이템으로 바뀌는 과정도 중년만이 누릴 수 있는 즐거움입니다.

스타일 팁

○ 화려한 코트는 힘을 빼고 툭 걸치자. 그 자체로 박력을 내뿜는다. 티셔츠와 데님을 매치해서 힘을 빼고 툭 걸치는 것도 중년이기에 가능한 코디다.

○ 때로는 과감하게 색감을 즐기자. 선명한 대비를 이루는 색도 좋고, 형광색도 좋다. 무슨 색이든 과감하게 즐기자.

비싼 주얼리와
저렴한 주얼리를
적절히 활용하는 법

제가 평소 착용하는 주얼리는 기념일에 선물로 받은 심플한 것들입니다. 반지에 박혀 있는 다이아는 30대 때 아버지에게 선물받은 것입니다. 볼 체인은 딸과 싱가폴에 갔을 때 같이 샀습니다. 동전 펜던트 헤드는 제가 학창 시절에 과외를 했던 아이의 부모님에게 받은 것입니다.

이처럼 심플한 액세서리는 유행을 타지 않기 때문에 반 세기 이상 지나도 멋지게 활약합니다. 하나하나 추억이 녹아 있어서 작지만 제 역사기 고스란히 담겨 있습니다.

인도 여자들은 대부분 갈색 피부에 잘 어울리는 금색 액세서리를 많이 착용하죠. 정계의 상황이 불안정할 때 여차 하면 전 재산을 갖고 도망치기 위한 생활의 지혜입니다. 화폐는 갑자기 가치가 완전히 없어질지도 모르고, 부동산은 들고 갈 수가 없습니다. 인도 여성들은 평소에 저금을 하면서 착실하게 금을 사 모아서 후손에게 물려 주고 있는 것입니다.

평상시에 편하게 착용할 수 있는 심플한 주얼리는 기품 있는 반짝임과 존재감을 보여 주고, 흰 셔츠와 데님 같은 평상복의 격을 높여 주기도 합니다.

한편, 제가 늘 착용하는 큰 귀걸이는 대부분 저렴하게 구입한 것들입니다. 머리를 짧게 자른 뒤로는 귀걸이의 멋을 즐기기 시작해서 과감한 크기에 임팩트가 있는 것이나 조금 독특한 디자인을 고르고 있습니다. 피로가 쌓였을 때 눈에 잘 띄는 귀걸이를 하면 거기에 시선이 집중돼서 얼굴도 밝아 보이기 때문에 얼굴에 피곤한 기색이 잘 드러나지 않습니다.

비싼 주얼리는 외출할 때 착용하고 저렴한 액세서리는 평소에 착용하는 식으로 구분을 짓는 분도 있을 텐데 저는 그 반대입니다. 정품 주얼리를 평소에 착용해서 캐주얼 룩의 격을 높이고, 화려하고 저렴한 액세서리는 파티 드레스에 매치해서 멀리서도 눈에 잘 띄는 효과를 노립니다.

또 비싼 주얼리와 저렴한 액세서리를 조금씩 섞어서 사용하기도 합니다. 중년 여성이 온몸에 하이 주얼리를 치렁치렁 달면 아무래도 부자의 박력이 지나치게 강조돼서 오히려 전부 가짜처럼 보이기도 합니다.

목걸이, 귀걸이, 반지, 팔찌를 한번에 다 착용하는 것도 NG입니다. 존재감이 있는 중년이 착용하면 시선이 가는 곳이 너무 많아서 정신 없기 때문에 한두 곳에 집중시켜서 하나하나를 돋보이게 하는 것이 좋습니다.

━━ 스타일 팁

○ 액세서리가 저렴하면 화려하고 큰 액세서리에도 가벼운 마음으로 도전할 수 있다. 필요할 때 찾기보다는 눈에 들어올 때마다 하나씩 사 모아 보면 어떨까?

○ 파티에서 존재감을 발휘하고 싶다면 저렴한 액세서리를 추천한다. 파티에서는 멀리서도 눈에 잘 띄는 존재감이 필요하기 때문이다.

○ 비싼 주얼리를 평소에 자주 착용해 캐주얼 룩의 격을 높이면 어떨까?

○ 팔이나 목 주변의 살이 많이 노출되는 여름에는 커다란 액세서리를 착용해 시선을 분산시키는 것이 좋다.

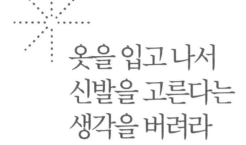

옷을 입고 나서
신발을 고른다는
생각을 버려라

발이 아픈 것만큼 괴로운 일이 또 없습니다. 저도 의류 기업에서 일할 당시에는 아침부터 저녁까지 9센티미터나 되는 힐을 신고 있었는데, 제 발은 250밀리미터로 아주 크고 폭이 좁은 데다가 발등이 높아서 제 발에 딱 맞는 구두를 오랫동안 만나지 못해 티눈, 굳은살, 내성 발톱 등 각종 트러블에 시달렸습니다.

발은 제2의 심장이라고도 불리죠. 이런 트러블이 몸에 좋을 리 없습니다. 발이 아프면 미간에 주름이 생기고 엉거주춤 서 있게 되어 고양이처럼 등이 휩니다. 아무리 디자인이 예뻐도 몸에 무리가 가는 구두를 신으면 자세가 엉거주춤해져서 결코 멋져 보이지 않습니다.

일단 옷을 입고 나서 신발을 고른다는 생각을 버려 보세요.

당신이 매일 쾌적하게 생활할 수 있는 신발은 어떤 신발인가요? 매일 자전거를 타는 여성이라면 가벼운 플랫 슈즈일지도 모르고, 아이와 공원에서 놀아 주는 것이 하루의 일과인 어머니라면 스니커즈일지도 모릅니다.

라이프 스타일에 무리가 가지 않는 쾌적한 신발. 그 신발을 중심으로 코디를 생각하고 옷장을 정리하면 되는 것입니다. 실내에서 신발을 벗는 습관이 있는 일본인은 입을 옷을 정하고 나서 신발을 고르는 경우가 많은데, 오히려 그 반대가 되어야 합니다. 신발이 결정되면 저절로 패션도 결정됩니다.

플랫 슈즈만 해도 발에 착 감기는 로퍼나 스포티한 드라이빙 슈즈, 우아하게 신을 수 있는 발레 슈즈 등 다양한 신발이 있습니다. 신기 편하고 취향에 맞는 신발을 '기본 신발'로 정해 보세요. 출근할 때에도, 가벼운 저녁 약속에도, 여행을 갈 때에도 신고 싶은 신발인지가 그 기준입니다.

제가 자주 신는 플랫 슈즈는 구찌의 비트 로퍼입니다. 30대에 이 신발을 신기 시작해서 벌써 세 켤레째입니다. 다시 말해서 한 켤레당 10년씩 신었다는 말이죠! 역시나 울퉁불퉁한 돌바닥의 나라 이탈리아 신발답게 여행지에서 마구 걸어도 문제없고, 고급 호텔에서도 당당할 수 있습니다.

가죽 크림으로 관리하면 구두는 놀라울 정도로 보들보들함이 유지됩니다. 저처럼 다소 매니쉬한 옷을 좋아하는 사람에게도 딱 좋습니다.

평소 잘 신지 않는 힐을 큰 돈 주고 샀지만 평소에는 어차피 더러워질 테니까 다른 평범한 신발을 신는다면 1년의 대부분을 평범한 신발을 신고 지내게 됩니다. 그러니 평소 자주 신는 신발에는 옷보다 더 많은 투자를 해야만 합니다.

스타일 팁

- 로퍼는 힐렁한 코디를 잡아 주는 역할을 한다. 스웨트 셔츠와 고무줄 바지를 매치한 힐렁한 코디에는 꽉 잡아 주는 느낌의 로퍼를 신어서 캐주얼 룩을 깔끔하게 정리해 보자.
- 남성스러운 워크 팬츠에는 여리여리한 신발을 매치해 보자. 카고 팬츠를 롤업해서 발목을 드러내고 여리여리한 발레 슈즈를 매치해 볼 것을 추천한다.
- 로퍼를 학생 신발처럼 보이지 않게 신는 요령은 여성스러운 치마를 입는 것이다. 발목이 드러나는 정도의 롱스커트와 궁합이 좋다.

◦ 통이 좁은 바지에 발레 슈즈를 매치하면 다리가 길어 보이는 효과가 난다. 통이 좁은 바지에 발레 슈즈를 매치하면 세련돼 보인다. 발등과 발목이 이어져 다리가 길어 보이는 효과를 노릴 수 있다.

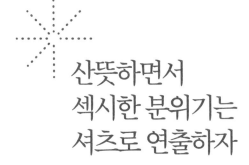

산뜻하면서
섹시한 분위기는
셔츠로 연출하자

꽤 높은 확률로 여성들은 '가슴골이 보이는 옷'을 싫어합니다. 너무 뻔한 페로몬 작전이거나 건강미를 어필하기 위함이거나. 다른 여성들이 '누구 보라고 입은 거지?'라고 생각할 만한 옷을 굳이 입어서 적을 늘리는 건 큰 손해죠.

한 가지 더 주의할 점은 여성스러운 프릴이나 레이스, 미니스커트 같은 옷입니다. 프릴, 레이스, 미니스커트는 여자아이의 옷에도 많이 쓰이는 디테일이죠. 그만큼 지나치게 사용되면 아이 같은 느낌이 과해지고, 어려 보이려는 의지가 너무 강해 보여 주위 사람을 민망하게 만들기도 합니다. 프릴이나 레이스가 들어

간 옷을 입는다면 한 곳에만 포인트를 주는 것이 좋습니다.

이처럼 여성성이나 유아성이 느껴지는 아이템을 너무 많이 사용하면 중년 여성이 손해 볼 일은 있어도 득이 될 것은 없습니다. 같은 여자에게 미움받아서 좋을 일은 없지 않을까요? 또한 남자들은 좋아할 거라고 생각하기 쉽지만 남자들도 결혼 상대나 비즈니스 파트너에게는 너무 뻔한 페로몬이나 귀여움보다 지성이나 인격을 요구하는 법입니다. 결국 어느 쪽을 택하더라도 손해밖에 보지 않게 됩니다.

'감춰야만 꽃'입니다. 여성스러움, 섹시함은 '숨겨진 부분이 보일 듯 보이지 않는' 정도가 딱 좋습니다.

제가 추천하고 싶은 아이템은 '셔츠'입니다.

셔츠는 원래 남성의 내의였던 아이템이기 때문에 남성적이고 야무진 얼굴을 갖고 있습니다. 빳빳하게 세운 깃에서 엿보이는 가느다란 목덜미, 커프스나 소매를 살짝 걷었을 때 보이는 가는 손목. 남성과는 다른 생물이라는 점을 실감할 수 있는 부분이 옷에 가려지면 산뜻하면서 섹시한 분위기가 연출됩니다.

또 나이가 들면 살이 쳐져서 목 주변이 야위는 경우가 많기 때문에 셔츠는 중년 여성에게 잘 추천하는 아이템입니다.

─── 스타일 팁

◦ 산뜻하게 섹시해 보이고 싶다면 셔츠를 어떻게 입을지가 포인트! 셔츠의 가슴께와 손목이 드러나게 해 여성성을 강조할 수 있다. 이때는 액세서리는 조금 큰 것을 골라 빛을 더하자.

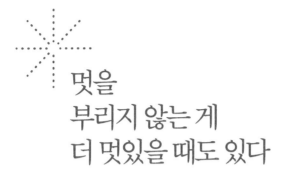

멋을
부리지 않는 게
더 멋있을 때도 있다

제 흑역사를 조금 이야기해 보겠습니다. 딸아이의 어린이집 운동회 때의 일입니다. 운동회가 끝난 뒤 그 길로 회사에 가려던 저는 운동회에 늘 신던 9센티미터 하이힐을 신고 갔습니다. 그런데 도착한 뒤 얼마 지나지 않아 한 아이의 목소리가 들렸습니다.

"와, 여기 개미집이 엄청 많아!"

알고 보니 운동장 흙바닥에는 제가 신은 가느다란 힐이 땅을 푹푹 찔러 난 작은 구멍이 수없이 많았습니다. 주변에 있던 어머니들이 실소를 터뜨렸습니다.

'아아, 쥐구멍이 있다면 들어가고 싶다!'

당시의 저는 아이의 행사를 무사히 마치고 바로 회사로 달려가야겠다는 생각으로 머릿속이 가득했던 것입니다.

이번에는 어린이집 학부모 모임에서 있었던 일입니다.

한 학부모가 저를 가리키며 말했습니다.

"망사 스타킹 신은 사람은 처음 봐!"

'어쩔 수 없잖아. 나는 이제 일을 하러 가야 된다고!'

학부모 모임 때마다 마음속으로 이렇게 욕설을 퍼부었습니다. 아이 때문에 참석하는 모임에서는 늘 마음이 침울해졌습니다.

지금 생각해 보면 그때만 운동화나 살색 스타킹을 신고, 회사에 가서 휙 갈아입기만 하면 됐을 이야기입니다. 제 마음에 여유가 없고 시야가 좁았기 때문에 그러지 못했던 것이죠.

주변 사람들을 배려할 줄 아는 것이 진정한 어른의 멋이라는 생각이 결여돼 있었던 것입니다.

아이의 입학식이나 졸업식에 갈 때 어떤 세레모니 슈트를 입어야 할지, 또 나에게 어울리는 슈트를 어떻게 골라야 하는지, 한 가지 아이템을 고루고루 잘 매치하는 요령은 무엇인지에 대해서도 종종 질문을 받습니다.

애초에 입학식이나 졸업식은 누구를 위한 의식일까요? 식의 주인공은 어디까지나 아이입니다. 부모는 꽃이 담기는 꽃병처럼 슬쩍 다가붙어 아이의 성장을 바라면서 "앞으로 신세 좀 지겠습니다. 아무쪼록 우리 아이들 잘 부탁드립니다!" 하고 학교와 선생님에게 최대한 경의를 담아 인사하는 입장입니다.

따라서 어울리는지 어울리지 않는지, 다른 옷과 잘 어울리는지는 접어 두고 청초하고 과도한 장식이 없으며 몸에 잘 맞는 슈트를 입으면 그걸로 됐습니다. 오히려 그 편이 더 품격 있게 느껴집니다.

당시에는 미묘하게 촌스러운 어머니들의 남색 슈트와 살색 스타킹 차림으로 학부모 모임에 가는 모습을 가능한 한 회사 사람들에게는 보여 주고 싶지 않다고 생각했지만, 어머니 슈트를 졸업한 지금에야 생각합니다. 어머니라는 역할을 즐길 수 있게 해줘서 감사하다고 말이죠.

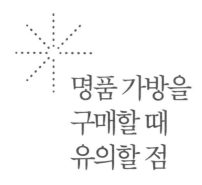

명품 가방을
구매할 때
유의할 점

'하이브리드 잇 백을 사고 싶은데 추천해 주실 수 있나요?'

블로그에 이런 댓글이 달린 적이 있습니다. 잇 백(It Bag)은 샤넬, 에르메스, 펜디 같은 고가 브랜드의 명품 가방을 말합니다. 가격이 꽤 비싸서 사려면 용기가 조금 필요하지만 다른 사람에게 졸라서 받아 낸 것이 아니라 '내가 샀다'고 말할 수 있는 배경이 있는 어른이라면 자연스럽게 어울리는 법이라고 생각합니다.

잇 백은 비싸지만 그리 오래 쓸 순 없습니다. 샤넬의 마틀라세, 에르메스의 켈리나 버킨처럼 '만들어졌을 당시와 완전히 똑같은 디자인으로 팔리고 있는 가방'은 이제 보석 수준이기 때문에 평생 쓸 수는 있지만, 대부분의 잇 백은 유행의 최선단을 달리는 브랜드가 만드는 셈이기 때문에 아주 트렌디한 아이템, 즉 '신선 제품' 같은 것입니다.

이런 연유의 숙명 때문에 10년 내에 확실하게 세월이 느껴집니다. 브랜드명이나 제조년월을 단번에 알 수 있기 때문이죠.

따라서 만약 아주 마음에 드는 잇 백이 있다면 가능한 한 막 나왔을 때 사는 편이 좋다고 생각합니다. 정말로 마음에 든 가방을 5~10년씩 매일 같이 들어서 기분 좋아질 수 있다면 충분히 본전을 뽑을 수 있지 않을까요?

트렌드나 디자인을 즐기는 아이템이기 때문에 소지품을 충분히 넣을 수 있고 기능성을 갖췄다면 기본 디자인이 아니더라도 오로지 자신의 느낌에 따라 골라도 좋다고 생각합니다.

다만 잇 백을 너무 많이 갖고 있으면 사용 기한이 줄어들어 제대로 쓰지도 못 하고 유행이 지나 버릴 수도 있기 때문에 엄선해서 사야겠죠. 잇 백은 가벼운 마음으로 살 순 없지만 약간 무리해서 산 만큼 멋에 긴장감이나 자신감을 주는 법입니다.

다른 사람과의 우열 관계를 의식하기 위함이 아닌 스스로에게 고양감이나 좋은 에너지를 주는 가방이라면, 중년에야말로 당당하게 들어야 한다고 생각합니다.

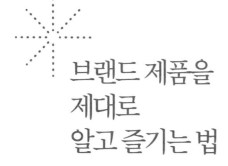

브랜드 제품을
제대로
알고 즐기는 법

여러분은 하이 브랜드의 옷이나 소품을 어디에서 구매하시나요? 플리 마켓 어플리케이션이나 브랜드 할인 판매점을 많이 이용하시리라 생각합니다.

젊었을 때에는 저도 10원이라도 더 저렴하게 브랜드 제품을 사고 싶었습니다. 브랜드의 로고가 잘 보이는 가방을 들거나 신발을 신으면 '나는 멋진 하이 브랜드를 소비한다'는 고양감이나 소소한 우월감을 누릴 수 있습니다. 하지만 하이 브랜드를 즐기는 방법은 좀 더 심오합니다.

생 로랑이나 샤넬 등은 '오트 쿠튀르(고급 여성복)'라는 주문 제작품을 만드는 브랜드입니다. 공장이 아니라 제봉사를 여럿 둔 아틀리에에서 수작업으로 만들기 때문에 세계 각지에서 고객들이 드레스를 맞추기 위해 자가 제트기로 방문합니다.

시대를 선도하는 디자이너와 숙련된 기술자, 그리고 최고급 소재가 만드는 눈부신 세계. 과거에 제작된 드레스가 아카이브 컬렉션으로서 미술관에 전시되는 경우도 많은데, 그곳에서 브랜드의 기나긴 역사 속에서 이어져 내려 온 독자적인 세계관을 엿볼 수 있습니다.

오트 쿠튀르를 일반 소비자가 조금 더 쉽게 소비할 수 있게 만든 것이 '프레타포르테' 라인입니다. 하지만 편집 숍에서 가볍게 살 수 있는 것은 아닙니다. 브랜드 전임 숍 스태프가 고객에게 직접 설명하고 브랜드의 훌륭함이나 세계관을 전달해서 자신들의 브랜드에 공감하는 팬을 늘리고자 하기 때문입니다.

따라서 중년 세대인 당신에게는 한 번쯤 정규 숍에서 쇼핑을 해 보기를 추천합니다. 고가의 제품을 다루는 하이 브랜드에는 정성스러운 고도의 접객 능력이 요구됩니다. 최고의 서비스를 체험해 보는 절호의 기회이기도 한 셈이죠.

제가 좋아하는 표범 무늬 코트는 스텔라 맥카트니 제품입니다. 영국 해리 왕자의 부인인 메건 마클이 로열 웨딩 때 입은 실크 클레이프의 홀터 네크라인 웨딩드레스를 만든 영국을 대표하는 디자이너 브랜드입니다.

표범 무늬 코트의 소매에는 'FUR FREE FUR'라고 쓰인 태그가 붙어 있는데 저는 이것을 떼지 않고 입고 있습니다. 스텔라 맥카트니는 2001년에 브랜드를 만들고 나서 꽤 이른 단계에 지속 가능한 소재를 사용한 제품이나 진짜 모피를 사용하지 않는 제품을 선보였는데, 저는 그 사고방식을 존경해서 태그를 떼지 않고 그대로 입고 있습니다.

누구나 다 아는 로고를 산다는 생각보다는 브랜드의 세계관을 산다는 생각으로 제품을 구매해 보면 어떨까요? 누군가 어디 제품이냐고 물었을 때 단순히 '생 로랑'이라고만 답하는 것이 아니라 그 브랜드의 역사나 철학을 말할 수 있다면 조금 더 즐겁지 않을까요? 이것이 바로 젊었을 때와는 다른 중년의 소비 방식이라고 생각합니다.

2장

도전하는 오십은
아름답다

새로운 '나만의 스타일'을 만드는 법

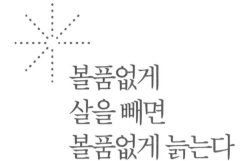

볼품없게
살을 빼면
볼품없게 늙는다

'살 빼면 입어야지.'

'살을 더 빼서 멋을 부려야지.'

이런 생각들 많이 하시죠? 희망을 깨부수는 것 같아 송구스럽지만 분명히 말하겠습니다. 그 '살을 빼면'이 실현될 가능성은 굉장히 낮습니다.

사람은 나이가 들수록 기초 대사량이 낮아져서 살을 빼기 힘든 몸이 됩니다. 젊을 때 다이어트로 고생한 사람이 기초 대사량이 떨어진 중년에 급하게 살을 뺄 수 있을 리 없습니다. 살을 뺐다 하더라도 아름답게 날씬해지기는 굉장히 어렵습니다.

제가 '볼품없게' 살을 뺀 이야기를 하겠습니다.

서른다섯 살에 아이를 낳고 가장 먼저 든 생각은 '일단 살을 빼자'였습니다. 의류 기업에서는 전시회에서 샘플 제품을 입을 일이 종종 있어서 S 사이즈가 안 맞으면 일에 지장이 생깁니다. 그래서 출산 당시 관리직에 있던 저는 몸이 원래대로 돌아오지 않으면 현장으로 복귀를 할 수 없을 거라는 위기감을 느꼈습니다.

식사는 사과와 물이 전부. 헬스장에 가지 못했기 때문에 발한 슈트를 입고, 들기 딱 좋은 아령 대신 딸아이를 안고 매일같이 계단 오르내리기를 몇 시간이나 했습니다. 가벼운 진동에 딸아이가 잠에 들어 일석이조의 효과를 보았습니다. 모유 수유도 병행해서 체중이 순식간에 줄어들었습니다. 출산 전보다 5킬로그램이 빠졌습니다. 원래대로 돌아가서 다행이라며 산후 6개월 만에 회사에 복귀했습니다.

"몸 괜찮아?"

"무리하지 마."

주변 사람들은 복귀한 제 모습을 보고 절규하며 저를 걱정해 주었습니다. 그러는 사이 머리가 빠지고, 피부에서 흰 가루가 날릴 정도로 푸석푸석해지고, 앞니까지 빠졌습니다. 그때 비로소 아무래도 조바심이 났습니다. 당시의 저는 직장에 복귀했다기보다는 무덤에서 속세로 복귀한 좀비처럼 보였습니다. 제가 인생에서 가장 급격하게 늙었을 때입니다.

이런 무지하고 무모한 다이어트를 하는 사람은 많지 않겠지만, '살을 빼다'와 '예뻐진다'를 동일시하는 사고방식에 얽매이면 살을 꼭 빼야만 아름다움과 멋을 손에 넣을 수 있다고 생각하게 됩니다. 하지만 중년 여성에게 '살을 빼다'와 '늙는다'는 아주 밀접한 관계가 있기 때문에 주의가 필요합니다. 중년에 가장 신경 써야 하는 부분이라고 생각합니다.

옷으로
체형을
보정하라

나이가 들어 살이 쳐지고 늘어지면 젊을 때처럼 어떤 옷을 입어도 예뻐 보이기 어렵습니다. 있는 그대로 아름답긴 힘든 것이죠.

일단 최소한의 근육을 단련하는 것이 중요하다고 생각합니다. 근육은 지방보다 무겁기 때문에 체중은 줄지 않지만 몸이 바싹 죄어들어 실루엣이 날렵해 보이기 때문에 살이 빠져 보이는 효과가 있습니다.

특히 복근과 배근에 근육이 붙어 몸을 탄탄하게 지지해 주면 등줄기가 곧게 뻗어 자세가 좋아지기 때문에 서 있는 자세도 건실하게 보입니다.

다음으로 제가 추천하고 싶은 방법은 '옷으로 체형 보정하기'입니다. 옷으로 체형을 보정하는 방법은 두 가지가 있습니다.

하나는 보정 효과가 있는 옷을 입는 것입니다.

일본 전통 기모노는 천을 평면적으로 짜서 끈을 묶어 입지만 서양 양복은 완전히 그 반대의 발상으로 만들어집니다. 즉, 평면의 형지나 천을 몸에 꼭 맞게 대고 입체적인 형태로 만듭니다.

옷은 브랜드마다 어느 정도 이상적인 체형을 상정해서 만들어지기 때문에 우리가 그 옷에 몸을 맞추면 자연스럽게 이상적인 체형에 가까워집니다. 그러므로 옷은 스타일이 좋은 갑옷에 비유될 수 있습니다.

특히 좋은 패턴의 코트나 재킷은 체형 보정 효과가 아주 뛰어납니다. '마냥 편한 옷'만 고르지 말고 때로는 등줄기가 곧게 펴지는 옷을 입어 보세요.

그리고 어떤 옷을 살지만 고민하는 분이 많은데, 옷 자체보다는 자신의 체형에 맞게 '어떤 식으로 입을지', 또 '어떤 핏으로 입을지' 고민하는 것이 더 중요합니다.

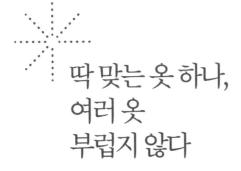

딱 맞는 옷 하나,
여러 옷
부럽지 않다

누군가의 추천에 따라 옷을 샀는데 막상 입어 보니 왠지 모르게 애매했던 경험 없으신가요? 사이즈가 잘 맞지 않아서 그런 것인지도 모릅니다.

특히 몸에 꼭 맞는 테일러드 슈트나 얇은 실로 짠 니트, 몸에 달라붙는 바지나 스커트가 그렇습니다.

여유롭고 캐주얼한 느낌이 아니라 산뜻하고 깔끔한 조합으로 입고 싶은 옷은 몸에 잘 맞지 않으면 자칫 촌스러워 보입니다.

◆ 재킷, 코트 잘 입는 법 ◆

재킷이나 코트는 어깨로 입는 옷입니다. 어깨의 봉긋한 부분을 기준으로 어깨가 바깥으로 나가지 않고 어깨 위에 예쁘게 올라가 있는지를 우선 확인해 봅시다. 재킷의 어깻죽지를 잡았을 때 1센티미터 정도 여유가 있는 것이 이상적입니다.

재킷의 어깨가 작을 때에는 어깨에서 팔 방향으로 사선의 주름이 생깁니다. 또한 앞 단추를 채웠을 때 버튼을 사이에 두고 X자 형태의 주름이 선명하게 보인다면 가슴이나 허리가 너무 꽉 맞는다는 뜻입니다. 그리고 뒤에서 봤을 때 깃 아랫부분에 가로로 주름이 생기면 몸의 두께에 잘 맞지 않는다는 뜻입니다.

재킷의 길이는 엉덩이 정 가운데 정도까지 오는 것이 기본입니다.

◆ 바지, 치마 잘 입는 법 ◆

바지는 우선 길이를 체크해 보세요. 남성 슈트는 '원 쿠션'이라고 해서 바지의 옷단 입구가 발등에 살짝 닿는 정도가 적절하지만, 여성은 그렇게 되면 너무 깁니다.

플렌구스의 바지는 옷단이 아슬아슬하게 발등에 닿지 않는 정도입니다. 바지의 스타일이 좀 더 경쾌하다면 복사뼈 정도까지 오는 것이 이상적입니다.

옷을 입어 보고 구매하기로 결정했다면 그 자리에서 바짓단을 가볍게 접어 달라고 부탁해 보세요. 바지나 치마를 수선해야 한다면 그 옷에 맞는 신발을 신고 가늠하는 것이 가장 좋습니다.

오늘은 어쩌다 치마에 스니커즈를 신었지만 평소에는 펌프스를 신고 싶다면 옷 가게 직원에게 "굽이 5센티미터 정도 되는 구두를 매치하고 싶은데 혹시 신발을 빌릴 수 있을까요?"라고 부탁하는 등 당신이 생각하는 이미지에 가장 가까운 신발을 신고 체크해 보세요.

온라인에서 구매하는 경우라면 스타일과 핏이 가장 좋아 보이는 바지의 밑 아래 길이나 바지의 폭을 미리 측정해 두는 것이 좋습니다.

저렴하고 통이 좁은 바지를 색깔별로 2개, 3개 사기보다는 딱 맞게 수선해서 스타일이 좋아 보이는 바지를 하나 갖는 편이 더 가치 있습니다.

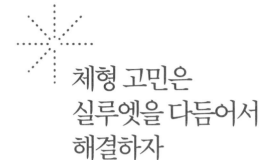

체형 고민은
실루엣을 다듬어서
해결하자

살이 쪘다

과거에는 S 사이즈를 입었지만 지금은 M 사이즈를 입는 분들 중에 종종 '늘어는 가니까 S 사이즈를 입는' 분들이 있습니다.

하지만 여유가 없고 부자연스러운 가로 주름이 생기면 답답해 보이고, 오히려 살집이 더 눈에 띕니다. 우선은 더 큰 사이즈를 사는 데 대한 두려움을 없애 보세요.

◆ 꼭 맞는 옷보다 여유 있는 옷으로 커버하기 ◆

위 팔뚝이 신경 쓰인다면 무리하게 통이 좁은 옷을 입기보다는 로프 숄더나 통이 넓고 봉긋한 소매
로 가리는 것을 추천합니다. 또한 허
벅지 주변이나 엉덩이 주변에 살집이
있다면 허리 아래쪽에 여유가 있는
루즈 핏의 바지나 원피스 등으로 커버합시다.

다만 위팔을 가렸다면 그보다 얇은 손목을 드러내고, 허벅지
나 엉덩이 주변을 두꺼운 바지로 가렸다면 머리를 높게 묶고 네
크라인이 답답하지 않은 상의를 매치해서 가느다란 목을 강조해
보세요.

신경이 쓰이는 부분을 커버함과 동시에 얇은 부위와 대비시켜
서 시선이 그쪽으로 가도록 유도합시다.

스타일 팁

◦ 신경이 쓰이는 위팔 커버하기. 어깨가 팔 쪽으로 떨어지면서 여유롭
   게 퍼지는 퍼프 슬리브는 우아한 느낌을 주고 위팔을 늘씬하게 보이
   게 하는 효과가 있다. 위팔을 커버하고 싶다면 암홀부터 팔 둘레가 곧
   고 두꺼운 타입의 상의를 추천한다.

◦ 허벅지, 엉덩이 커버하기. 신경이 쓰이는 하반신은 팽팽함이 없고 자
   연스럽게 떨어지는 원단으로 만들어진 와이드 팬츠로 여유 있게 커

버하고, 상반신은 셔츠로 늘씬하게 입어 보자. 전신을 너풀너풀 감싸는 여유로운 드레스는 세로 라인을 강조하고, 신경이 쓰이는 하반신도 자연스럽게 커버해 준다.

◆ 짧은 것보다 긴 것으로 커버하기 ◆

옷을 입을 때 의식적으로 가로보다 세로 라인을 강조해 보세요.

상의와 하의를 같은 색으로 맞추거나 셋업을 입거나 롱 셔츠나 롱 원피스를 입는 등 타인의 시선이 위에서 아래 방향으로 흐르게 하면 훨씬 늘씬해 보입니다.

벨트 등으로 허리 라인을 강조하고 싶다면 세로로 두꺼운 벨트나 눈에 잘 띄는 색의 벨트가 아니라 가늘고 무난한 벨트, 옷과 색이 같은 벨트를 고르는 것을 추천합니다.

스타일 팁

◦ 가로 라인이 아닌 세로 라인으로 커버하기. 롱 셔츠는 누구나 간단하게 세로 라인을 강조할 수 있는 강력한 아이템이다.

◦ 하의를 상의와 같은 색으로 매치하면 세로로 더 길어 보여서 늘씬해 보인다. 상의, 하의, 신발을 같은 색으로 맞추고 그 위에 롱 카디건을 걸쳐서 세로 라인을 강조할 수 있다.

너무 마른 몸

나이가 들면서 살이 빠져 볼품없어 보여 고민이라는 분들이 있습니다. 이런 분들은 너무 단조롭거나 마른 체형을 부각시키는 아이템을 착용하면 더 볼품없어 보입니다. 상의 혹은 하의에 볼륨감을 주거나 포인트가 될 만한 장식이 달린 옷을 입어서 입체감을 만들어 보세요.

◆ **볼륨의 강약을 의식하자** ◆

'상의+하의' 조합에는 네 가지 종류가 있습니다.

① **상의 크게**(두껍게) + **하의 크게**(두껍게)

② **상의 크게**(두껍게) + **하의 작게**(얇게)

③ **상의 작게**(얇게) + **하의 크게**(두껍게)

④ **상의 작게**(얇게) + **하의 작게**(얇게)

마른 분들에게는 ④를 제외한 조합을 추천합니다. 상의 혹은 하의에 볼륨을 주면 강약이 생깁니다. 키가 크다면 ①의 조합도 잘 어울립니다. 상하의 모두 여유로운 사이즈를 택하면 목이나 손목이 가냘퍼 보여 여성스러움을 강조할 수 있습니다.

스타일 팁

- 상의에 볼륨을 줘서 허전해 보이지 않게 한다. 상반신에 볼륨을 주는 여유 있고 낙낙한 니트로 상의에 큰 볼륨을 주면 더 좋다. 전체적으로 옅거나 따뜻한 색을 입는 것도 허전해 보이지 않는 요령이다.
- 상의는 콤팩트하고 말끔하게, 하의는 볼륨이 있는 와이드 팬츠로 박력을 줘서 허전해 보이지 않게 하라.

◆ 색과 무늬로 강약을 의식하자 ◆

마른 분들은 과감한 디자인이나 색, 무늬가 잘 어울리는 특징이 있습니다. ④의 조합으로 옷을 입어도 목에 화려한 무늬의 스톨(stole, 장식 또는 방한의 목적으로 어깨에 걸치거나 목에 두르는 의류)을 볼륨감 있게 두르기만 해도 인상이 달라집니다.

스타일 팁

- 색, 무늬, 디자인으로 강약을 주자. 상반신에 조금 더 볼륨을 주고 싶을 때에는 커다란 스톨을 활용하자. 눈에 잘 띄는 색을 두르면 상반신이 눈에 잘 들어와서 키가 커 보인다.
- 임팩트 있는 프린트로 하의를 강조하거나 상의는 단정한 셔츠로 쿨하게 연출해 볼 수도 있다.

키가 작다

몸집이 작은 분은 키가 크고 늘씬하게 보이도록 시선을 위쪽으로 유도하는 것이 중요합니다. ②의 조합을 추천하고 싶습니다. 볼륨 셔츠나 니트로 상반신에 포인트를 줘서 강조하고, 하반신은 깔끔하고 늘씬해 보이게 하면 전체적으로 균형이 잡힙니다.

◆ 상반신에 볼륨을 주는 포인트 ◆

상반신에 볼륨을 주는 것 외에 유효한 방법은 소품을 활용하는 것입니다. 모자를 쓰거나 스카프를 터번처럼 둘러 헤어 액세서리로 활용하고, 선글라스나 멋내기용 안경을 쓰는 것이죠.

흔히 목 아래쪽 착장에 시선을 빼앗기기 쉬운데, 머리는 전신의 20퍼센트를 차지합니다. 균형을 잡기 위해 효과적으로 활용해 보세요.

스타일 팁

◦ 상반신에 포인트를 주자. 상의가 단조로울 때에는 그 위에 조끼(gilet)를 껴입는 것도 효과적이다. 상반신을 강조해 시선이 위쪽으로 유도되어 스타일이 좋아 보이는 효과를 낼 수 있다. 과감하게 길이가 짧은 상의도 마른 분들에게 추천하고 싶은 아이템이다.

소매의 길이나 옷의 기장이 잘 맞지 않는 옷을 입는 것도 마른 분들이 자주 하는 실패 패턴입니다. 소매나 바지 기장이 너무 긴데 수선하지 않고 그대로 입으면 남은 부분이 눈에 띠어 마른 몸이 더 강조됩니다.

반드시 꼼꼼하게 수선해서 입어 주세요. 옷의 가짓수를 늘리기보다는 몸에 잘 맞는 옷을 하나라도 더 많이 만들어 봅시다. 또한, 경우에 따라서는 아동용 사이즈에서 찾아보는 것도 좋은 방법입니다.

얼굴이 크다

얼굴이 작아 보이는 최고의 방법은 얼굴 주변의 것을 크게 하는 것입니다. 예를 들어 어깨 패드가 들어 있는 재킷을 입거나 커다란 모자를 쓰면 대비 효과 때문에 얼굴이 작아 보입니다.

◆ **중년에 주의해야 할 얼굴 아이템** ◆

얼굴이 작아 보여 최근 젊은이들 사이에서 유행하는 후디(hoody, 옛날 말로 하자면 후드드 파커). 히지민 중년 세내에게는 약간의 주의가 필요합니다.

최근 출시된 후디는 얼굴이 작아 보이도록 후드 부분이 두껍고, 확실하게 모양이 잡히도록 만들어지기 때문에 얼굴 주변이 과장되는 효과가 있지만, 어깨 부근에 살집이 있는 사람은 목이 답답해 보여서 역효과를 불러일으킬 수 있습니다.

◆ 중년에게 추천하는 작은 얼굴 아이템 ◆

무조건 큰 스톨이나 머플러처럼 목에 두르는 아이템을 추천합니다. 일단 사이즈가 커서 두르기만 해도 확실하게 볼륨이 생기는데, 목 주변의 여유는 스스로 조절할 수 있기 때문에 답답하게 보이지 않습니다. 여러 방식으로 연출할 수 있다는 것 또한 스톨의 장점. 전신 거울을 보며 최상의 밸런스를 찾아 연출해 보세요.

다리가 짧다

'팔등신'이란, 예술 분야에서 아름다운 인체 균형을 연구한 결과 도출된 최상의 밸런스입니다. 어떤 체형이든 '작은 얼굴과 긴 팔다리'는 스타일을 좋게 만드는 대원칙입니다. 다리가 길어 보이는 두 가지 스타일링 비법을 살펴봅시다.

◆ 허리 위치로 끌어올리기 ◆

중년 세대들은 상의를 바지 안에 넣어 입기를 꺼리는 경우가 많은데 복부는 가려질지 모르지만 다리가 짧아 보여서 오히려 손해를 보게 됩니다. 최근에는 턱(일정한 간격으로 천을 호아 접은 주름)이 잘 잡혀 있어 복부를 자연스럽게 커버할 수 있는 하의도 나와 있으니 상의를 바지 안에 넣어 입어 보세요. 또 하이웨이스트 치마나 바지도 외모의 중심이 위로 올라가 다리가 길어 보이는 효과를 내기에 안성맞춤입니다.

스타일 팁

◦ 하이웨이스트 팬츠를 입으면 아주 쉽게 스타일리쉬한 코디를 완성할 수 있다. 허리둘레에 여유가 있는 와이드 팬츠를 입었다면 상의를 바지 안에 넣어서 다리가 더 길어 보이게 연출하자.

◦ 허리둘레에 주름이나 턱이 들어간 하의를 입자. 바지 안에 넣기 좋은 얇은 상의를 자연스럽게 빼내서 허리둘레를 커버하자.

◦ 하이웨이스트 드레스는 입기만 해도 스타일이 좋아 보인다. 허리 위치가 높은 드레스는 중심이 올라가기 때문에 키가 크고 다리가 길고 밸런스가 좋아 보이게 하는 강력한 아이템이다.

◆ 면으로 받쳐 주는 구두 고르기 ◆

다리가 길어 보이는 효과는 원하지만 하이힐을 신기에는 부담스러운 분들 많으시죠? 하이힐은 가느다란 발뒤꿈치와 가느다란 발끝, 접지 부분의 면적이 작기 때문에 아무래도 불안정하고 발에 가는 부담이 커집니다.

그래서 제가 추천하고 싶은 구두는 플랫폼 슈즈나 통굽 샌들, 스니커즈입니다. 발끝에서 발뒤꿈치까지 바닥이 평평하기 때문에 체중을 면으로 받쳐 줘서 안정감이 뛰어납니다. 코디를 약간 스포티하게 만드는 효과도 있기 때문에 지금까지 캐주얼에 자신이 없었던 분에게도 꼭 추천하고 싶은 아이템입니다.

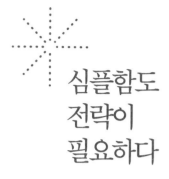

심플함도
전략이
필요하다

◆ **너무 심플해서 재미없다** ◆

잡지 같은 데에서 보면 모델이 아주 평범한 흰 셔츠에 청바지만 입었는데 아주 멋져 보일 때가 있죠. 막상 따라 입었을 때 멋이 나는 사람은 안타깝게도 극히 소수에 불과합니다. 얼굴이 작고 다리가 긴 타고난 분들뿐이죠.

여배우 안젤리나 졸리는 미모도 스타일도 박력이 넘쳐서 어떤 옷을 입었었는지 잘 기억나지 않죠? 그 정도로 풍채가 강력하면 아주 심플한 코디도 그럴듯해지지만, 평범한 사람은 대개 그렇지 못합니다. 평범한 사람이 전체적으로 심플한 코디로 입으면 그저 재미없어 보일 뿐입니다.

이에 대한 대처법은 앞장에서 언급한 '뺄셈, 그리고 화려함 더하기'입니다. 흰 셔츠에 청바지를 입었다면 신발은 비비드한 색이나 임팩트가 있는 디자인을 매치하거나 크고 눈에 잘 띄는 뱅글을 다는 것이죠. 옷을 '입기만 하면 끝'으로 끝나지 않는 것이 중요합니다.

◆ 헤어와 메이크업에 절대 소홀해지지 말 것 ◆

옷이 심플하거나 캐주얼한 경우, 반대로 힘을 빼선 안 되는 것이 헤어스타일이나 메이크업입니다. 실버 헤어 특집으로 나온 잡지에서 볼 수 있는 흰 셔츠를 입은 중년 여성들도 머리를 깔끔하게 묶어 올리고 꽤 진한 립스틱을 바르고 있죠?

'꾸미지 않은 듯한 느낌'과 '꾸미지 않은 것', 그리고 '자연스러운 메이크업'과 '민낯'은 완전히 다릅니다. 특히 이목구비가 뚜렷하지 않은 동양인은 메이크업을 하지 않으면 그저 안색이 안 좋은 수수한 사람으로 보이기 쉽습니다.

촬영 때 헤어 메이크업 전문가들의 손놀림을 관찰해 보면 자연스러운 헤어 메이크업일수록 피부의 투명감을 돋보이게 하고, 바람에 살짝 흩날린 것처럼 보이도록 귀밑머리나 묶은 머리의 양을 조정하는 등 세세한 부분에 상당한 시간을 들입니다. 모두 계산되어 만들어진 '내추럴'이고, 이것은 '있는 그대로'와는 다릅니다.

"저는 따로 관리를 하지 않아요" 같은 말을 믿으면 안 됩니다.

◆ 시선을 사로잡는 아이템 하나만 있어도 괜찮다 ◆

"수수해 보이는 건 싫지만 매일같이 옷을 입고 나서 여기에 무엇을 더할지 생각하는 것도 귀찮아요."

많은 분의 속마음일지 모릅니다. 그런 분들에게는 그날 입을 옷을 고를 때 반드시 한 가지는 단조롭지 않고 특징이 있는 옷을 입는 것을 추천합니다.

예를 들면, 시선을 확 끄는 색이나 무늬, 독특한 디자인, 여러 가지 색으로 짠 믹스드(혼합된) 트위드처럼 소재 자체에 임팩트가 있는 것이 좋습니다.

그런 옷을 갖고 있으면 그 외의 아이템은 전부 조연이 되어도 상관없습니다. 심플한 유니클로 니트를 매치하고 아무런 액세서리를 착용하지 않아도 충분하게 화려한 코디가 됩니다.

입기만 하면 그 자체로 완성되는 옷들은 사실 전부 계산된 디자인의 셋업이나 드레스 종류의 옷뿐입니다. 심플한 옷일수록 코디하는 데 센스가 필요하다는 점을 기억해 주세요.

◆ **여름에는 옷이 얇아지기 때문에 더 신경 써야 한다** ◆

심플한 흰 원피스를 입었더니 마치 귀신같거나 잠옷처럼 느껴진 경험 없으신가요? 여름은 겨울과 달리 옷을 껴입지 않기 때문에 코디가 단조롭습니다. 따라서 너무 심플한 옷을 있는 그대로 따라 입기만 해서는 그럴듯하게 보이기가 쉽지 않습니다.

코디 아이템의 개수가 적은 여름의 옷차림일수록 색이나 무늬, 디자인을 겨울보다 늘려 보세요. 무지 티셔츠를 로고 티셔츠로 바꾸고, 무지 아이템을 프린트 아이템으로 바꾸는 식으로 말입니다. 이렇게만 해도 별다른 노력 없이 재미있고 심플한 코디를 완성할 수 있습니다.

스타일 팁

◦ 무지 티셔츠를 로고 티셔츠로 바꾸기만 해도 시선을 끄는 포인트가 된다. 옷이 모노톤이라도 소품으로 색을 더하면 밋밋하지 않은 코디가 된다.

◦ 무늬가 화려한 바지는 햇살이 강한 여름에 더 빛을 발하는 아이템 중 하나다. 여기에 베이직한 니트를 매치하면 충분히 화려한 인상을 줄 수 있다.

◆ 날씬해 보이고 싶어 하다가 오히려 볼품없어진다 ◆

"새하얗게 입으면 뚱뚱해 보이고 새카맣게 입으면 몸집이 작아 보입니다. 날씬해 보이고 싶다면 까만 옷을 입으세요."

많은 스타일리스트가 이렇게 조언합니다. 하지만 너무 어둡기만 하고 단조로운 코디는 자칫 '어두운 사람', '무서운 사람'으로 보이기 쉽고, '저는 아무래도 체형에 신경이 쓰여요'라는 느낌도 줍니다.

어두운 색을 베이스 컬러로 입는 것은 물론 좋지만, 거기서 한 걸음 더 나아가 제가 추천하고 싶은 코디는 '흰색'과 '중간색'의 옷을 구비하는 것입니다. 예를 들어, 검은색 옷이 많다면 '흰색', 그리고 흰색과 검은색의 중간색인 '회색'을 사는 것이죠. 남색 옷이 많다면 '흰색', 그리고 흰색과 남색의 중간색인 '삭스 블루'색의 옷을 매치해 보세요.

그저 새카맣기만 한 사람이 되는 것을 피하기 위해서 이런저런 색을 사는 게 아니라 '색을 농담으로 구비한다'고 생각해 주세요. 전체적인 코디의 20퍼센트 정도에 '흰색'이나 '중간색'을 넣으면 깊이가 생기고 단조로워 보이지 않는 코디를 연출할 수 있습니다.

스타일 팁

- 흑백의 모노톤 스커트는 그 자체로 코디에 변화를 주는 편리한 아이템이다.

- 검은색, 흰색, 회색을 코디에 리듬감 있게 넣으면 관리직으로 보이는 모노톤 코디가 완성된다.

- 남색, 흰색의 코디에 파랑색을 더하고 싶을 때는 데님을 매치하면 편리하다. 상쾌하고 캐주얼하게 코디를 정리해 준다.

- 베이직 컬러의 옷의 일부에 원 포인트 배색이 들어가면 전체 코디의 포인트 컬러가 되어 스타일링이 편리하다.

당신의
티셔츠는
문제없나요?

관광지에서 가끔 눈에 띄는 해외 여행객이 입고 있는 티셔츠. '사면초가', '변태', '나는 일하기 싫어' 등 간혹 얼토당토않은 글자가 적혀 있는 걸 본 적 있으시죠?

해외 여행객 입장에서는 한자나 히라가나 문자가 쿨해 보이겠지만, 그 의미를 아는 사람이 보면 너무나 기묘한 티셔츠입니다. 양식이 있는 어른이 입을 것이 못 됩니다. 당신의 로고 티셔츠는 문제없나요?

영어나 프랑스어로 쓰인 로고 티셔츠 중에도 간혹 철자가 잘못적혀 있거나 괴상한 말이 적혀 있는 것이 있습니다. 문자의 의미는 제대로 확인하고 고르는 게 좋겠죠.

또한 일러스트나 그림, 사진이 프린트된 티셔츠도 어떤 아트를 베이스로 하는지 등을 점원에게 물어보는 것도 좋습니다.

저지르기 쉬운 실수가 또 하나 있습니다.

한번은 지하철에서 제 앞에 서 있던 성실해 보이는 중년 여성이 입은 티셔츠 가슴께에 'CUCCI'라고 적혀 있는 것을 본 적이 있습니다. 말할 것도 없이 명품 브랜드 'GUCCI⁽ᵍ짜⁾'의 패러디입니다. 본인은 그 사실을 알고 있을까 걱정이 되었습니다.

해외나 인터넷에서 브랜드 제품의 모조품을 취급하는 수상한 업자가 아주 많은데, 소비자도 그것이 모조품임을 알면서 사는 것은 위법입니다. 이것은 성인으로서 꼭 알아야 할 상식입니다.

따라서 모조품이나 특정 브랜드의 패러디 상품을 입으면 상식 수준을 의심받아 모르는 곳에서 창피를 당할지도 모릅니다. 터무니없는 티셔츠를 공식적인 자리나 직장에서 생각 없이 입어서 오해를 사는 일이 없도록 주의를 기울여야겠죠.

의류 브랜드는 고객에게 좋은 이미지를 심어 주기 위해 긴 시간에 걸쳐 상품을 만들고 홍보와 광고 전략을 짜고 있습니다. 상표권이나 의장권 같은 지적 재산권은 브랜드 이미지를 지키기 위해 매우 중요합니다.

우리가 짝퉁 티셔츠나 말도 안 되는 티셔츠를 입지 않는다는 것은 그런 브랜드의 이미지에 분명하게 경의를 표하는 일이기도 합니다.

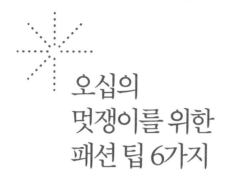

오십의
멋쟁이를 위한
패션 팁 6가지

하나. 펌프스, 뮬, 부츠 고르기

사람마다 체형이 제각각이듯이 발의 크기나 모양도 다릅니다.

많은 신발 브랜드에는 기준이 되는 목형(신발을 만들 때 사용하는 발 모양의 도구)이 있는데, 그것이 자신의 발과 잘 맞는지가 무엇보다 중요하다고 생각합니다.

발은 다른 신체 부위와 달리 쉽게 살이 찌거나 빠지지 않기 때문에 일단 자신의 발과 잘 맞는 브랜드나 목형을 찾으면 평생을 함께할 짝이 됩니다.

지미츄 펌프스는 제 발에 딱 맞는 몇 안 되는 목형 신발입니다.

착용감이 편한 데다 여성스럽습니다. 그야말로 신데렐라 핏입니다. 새 신을 사면 어딘가가 쓸리거나 발이 아파서 지치는 경험을 반복했는데, 이 신발을 만난 뒤로는 더 이상 그런 무의미한 짓은 그만두기로 했습니다.

조금 비싸지만 지미츄의 세일 기간을 노려서 조금씩 사 모아 소중하게 신고 있습니다. 실패할 일이 없고 시간과 에너지도 꽤 절약할 수 있습니다.

신발은 옷 이상으로 많은 브랜드나 디자인을 무리하게 소유할 필요가 없다고 생각합니다. 구두 디자인의 폭이 너무 넓으면 옷을 코디할 때 복잡해지기 때문입니다. 자신에게 맞는 구두를 추리고 똑같은 디자인에 색이나 소재만 바꿔서 변주를 즐기는 것도 좋은 방법이 아닐까요?

둘. 가방의 내용물을 진화시켜라

최근 어떤 브랜드든 작은 가방이 늘었습니다. 중년 여성 중에 작고 귀여운 가방을 들어 보고 싶지만 짐이 많아서 쉽지 않겠다고 생각하는 분이 적지 않은데 정말 그럴까요?

비슷한 생각을 갖고 있는 저도 어릴 석에는 '지금 당장이라도 출장을 떠날 수 있어요'라고 말할 정도로 커다란 토트백에 이것 저것 잔뜩 넣고 다녔습니다. 하지만 나이가 들수록 가방이 무거우면 쉽게 몸이 지쳐 왔습니다. 또 가방 속에 물건이 너무 많으면 어두운 곳에서 침침한 눈으로 물건을 찾느라 애를 먹었습니다.

그래서 정기적으로 제가 갖고 다니는 물건들을 점검해 보게 되었습니다. 가령, 바느질 세트나 여분의 스타킹 같은 물건은 언제든 편의점에 갈 수 있는 도심에 살고 있는 제가 정말 늘 들고 다녀야 하는지, 외출 후 눈 화장을 고친 적이 없는데 아이섀도는 꼭 있어야 하는지 등등 소지품들의 필요도를 점검했습니다.

또 다른 방법은 소지품의 크기를 줄이는 것입니다. 너무 오래 사용해서 '반드시 이 사이즈여야 한다'고 생각했던 장지갑도 과감하게 작은 지갑으로 바꿨는데 전혀 불편함을 못 느꼈습니다. 교통카드도 스마트폰에 다 들어 있기 때문이죠.

지금은 우유병이나 기저귀가 든 큰 가방을 들고 다닐지 모르지만 평생 그 짐을 들고 다녀야 하는 건 아닙니다. 당신의 성장과 함께 정말로 필요한 물건은 점차 달라집니다. 가방의 내용물도 언젠가는 졸업을 한다고 생각합니다.

가방이 가볍고 작아지면 체력에 여유가 생겨 다른 곳에도 들르고 싶어집니다. 그렇게 세상이 한층 넓어질 것입니다.

셋. 중년의 멋에 꼭 활용하고 싶은 스니커즈

멋에서 가장 중요한 것은 좋은 스타일도, 아름다운 얼굴도 아닌 '아름다운 자세'입니다. 아무렇지 않게 서 있는 것처럼 보이지만 모델은 사실 오로지 아름답게 서 있기 위해 수많은 시간을 들여 연습합니다.

발에 무리나 부담이 가는 상태에서는 아름다운 자세로 서 있을 수 없습니다. 따라서 중년 여성에게는 우선 '무리 없이 서는 것'을 추천합니다. 그렇게 하기 위해 빼놓을 수 없는 것이 바로 스니커즈입니다.

'운동화'라고 많이 불렸던 스니커즈는 이제는 패션 아이템의 하나로서 빼놓을 수 없게 되었습니다. 스니커즈를 우아한 길고 몸에 착 달라붙는 플레어 스커트, 새틴(satin, 광택이 곱고 보드라워 장식적인 여성복, 핸드백, 모자 따위에 사용하는 천)이나 오건디(organdy, 매우 얇은 피륙으로 가볍고 투명해 보이는 촉감으로 마무리된 면이나 폴리에스테르 직물) 같은 소재로 만들어진 페미닌한 옷과 매치하면 요즘 유행하는 '캐주얼 믹스'가 완성됩니다.

무엇보다도 중년 여성이 갖춰야 할 것은 로우 컷의 흰 스니커즈라고 생각합니다. 제가 자주 신는 신발은 아주 오래된 아이다스 스탠 스미스입니다. 기본 스니커즈가 한 족 있다면 다른 신발은 과감하고 자유롭게! 디자인이나 색을 자유롭게 골라 보거나 통굽 스니커즈의 또 다른 얼굴을 즐겨 보세요.

스니커즈는 평생 신을 수 있는 신발이 아닙니다. 고무 솔은 점점 마모되고, 관리를 해도 지워지지 않는 얼룩도 생깁니다. 낡기 시작했다면 새로 산다는 생각으로 신어 주세요.

넷. 모자도 자주 써 본 사람이 쓸 줄 안다

유명 남성복 브랜드 다케오 기쿠치(TAKEO KIKUCHI)의 기쿠치 다케오 씨의 트레이드 마크는 안경과 모자입니다. 모자를 쓴다기보다 모자를 써야 다케오 선생의 스타일이 완성된다고 말해도 과언이 아닙니다. 그는 과거 인터뷰에서 이렇게 말했습니다.

"모자는 헤어스타일과 똑같아요. 그래서 옷보다 더 친근한 존재예요."

헤어스타일을 매일 바꾸기는 힘들죠. 하지만 모자로는 1초 만에 인상을 바꿀 수 있습니다. 또한 마음에 드는 헤어스타일을 찾지 못했을 때나 시간이 없어서 헤어스타일링을 할 시간이 없을 때에도 휙 쓰기만 하면 되는 모자는 정말 강력한 아이템입니다.

늘 모자를 멋지게 소화하는 선배에게 한번은 그 요령을 물었더니 "모자를 쓴 내 모습에 익숙해지는 것"이라는 대답을 돌려주었습니다. 무릎을 탁 칠 수밖에 없었습니다.

모자는 많이 써 봐야 합니다. 여러 가지 시도를 하다 보면 당당하게 쓸 수 있게 됩니다.

또한 쓰는 법을 살짝 바꾸기만 해도 모자가 훨씬 잘 어울리는 분도 많습니다. 거울 앞에 서서 모자의 차양을 내리거나 올려 보고, 똑바로 쓰거나 사선으로 써 보는 등 다양한 시도를 해 보세요. 당신에게 잘 어울리는 패턴이 보이고, 그 과정에서 점차 모자를 쓴 모습에 익숙해질 것입니다.

인간의 머리는 전신의 약 20퍼센트를 차지합니다. 꽤 큰 면적을 차지하는 셈이죠. 얼굴 주변은 제일 먼저 눈이 가는 곳이기도 해서 무언가를 하고 안 하고에 따라 큰 차이가 생깁니다. 특히 체구가 작은 사람은 이 부분만 잘 신경 써도 키가 커 보이는 효과를 얻을 수 있기 때문에 모자는 절대적인 아이템입니다.

스타일 팁

◦ 납작하게 접을 수 있는 베레모는 여행 갈 때 가져가서 코디에 변화를 주기에 좋은 아이템이다. 가볍게 여러 가지 타입을 시도해 보라.

다섯. 구깃구깃 카디건 대신 만능 스톨 한 장

춥고 더운 날씨에 대비해서 가방에 얇은 카디건을 한 장 넣고 다니는 분들 많으시죠? 그런데 안타깝게도 지하철 안에서 접어서 구깃구깃해진 카디건을 입으면 모처럼 차려입은 옷을 망쳐 버립니다. 쓸데없는 참견이지만 '제발 부탁이니까 스톨을 걸쳐 보세요' 하며 달려가서 말해 주고 싶습니다.

혹시 스톨은 겨울에만 두르는 아이템이라고 생각하지 않으셨나요? 에르메스 스카프(카레제안)는 캐시미어 실크 제품으로, 얇아서 층이 지지만 주름이 생기지 않고 콤팩트하며 여름에는 피부에 닿는 느낌이 매끈하고 겨울에는 따뜻해서 냉방 중인 레스토랑이나 비행기 안에서도 대활약을 합니다. 맨살에 닿아도 따갑지 않고 부드러워서 여름에는 수영장에서 수영복 위에 걸치고 겨울에는 코트 위에 슬쩍 둘러서 간편하게 인상을 바꿀 수 있어 방한용으로도 제격입니다. 산 지는 꽤 되었지만 유행을 타지도 않고 계절을 불문하고 1년 내내 쓸 수 있어서 정말로 잘 샀다고 생각하는 아이템입니다.

일단 한 장만 사 봐야겠다면 색깔과 종류가 다양한 브랜드 자라(ZARA)를 추천합니다. 무지 스톨은 무늬를 신경 쓰지 않고 막 둘러도 그럴듯해 보이기 때문입니다. 그리고 조금 독특한 방식으로 스톨을 활용하고 싶다면 스톨의 끝과 중간 부분의 색이나 무늬가 다른 것을 골라 보세요. 어떻게 두르느냐에 따라 한 장의 스톨이 다양한 형태로 보여서 변화를 즐길 수 있습니다.

스타일 팁

◦ 표범 무늬 스카프는 검은색과 베이지색이 기초가 되기 때문에 기본 색상의 옷 어디에나 잘 어울린다.

◦ 옷으로는 입지 않을 법한 대담한 색이나 무늬에 도전할 수 있다는 것 또한 스카프만의 매력이다.

여섯. 핀 배지, 브로치 적극적으로 활용하기

집을 정리하다 보면 어렸을 때 쓰던 액세서리가 많이 나옵니다. 금색 브로치부터 하라주쿠 노점에서 산 배지까지. 문득 떠올라 밀리터리 재킷에 몇 개 달아 보았더니 재킷의 신선한 코디법을 하나 발견한 듯해 기분이 살짝 좋아졌습니다.

제 또래 세대가 젊었을 때에는 액세서리를 티피오(TPO, 시간(time), 장소(place), 상황(occasion)의 머리글자로 옷을 입을 때의 기본 원칙을 나타낸다)에 맞게 구분해서 사용했습니다. 펄은 포멀한 옷차림에, 골드는 나들이용 코디에, 핀 배지는 캐주얼에 매치하는 식으로 말이죠. 하지만 지금은 캐주얼 믹스가 대세입니다. 드레스에 스니커즈를 신거나 데님에 하이힐을 매치해서 '힘을 빼는' 시대입니다.

따라서 과거의 선입견이나 가격에 휘둘리지 말고 낡은 것과 새로운 것, 포멀한 것과 캐주얼한 것을 섞으면 의외로 요즘 유행하는 분위기가 연출됩니다.

'브로치는 어떻게 달면 되나요?'라는 질문도 자주 받습니다. 과거에 귀금속은 지금보다 골드나 실버의 함량이 높고 묵직한 것이 많아서 활용하기 까다롭다고 느끼는 분이 많을 것입니다.

몸에 딱 맞는 재킷의 깃에 달려 있던 브로치는 복슬복슬한 캐주얼 코트의 깃이나 캐주얼한 토트백에 달아 보는 등 액세서리를 다는 위치는 바꿔 보는 것도 좋은 방법입니다.

케이스 속에서 몇 년씩 잠들고 있던 액세서리를 정리하는 김에 꺼내 보고 옛날에는 절대로 하지 않았을 법한 조합을 해 보면 새로운 발견을 할 수 있을지도 모릅니다.

스타일 팁

◦ 매니쉬한 밀리터리 재킷에 옛날에 쓰던 핀 배지와 브로치를 여러 개 섞어서 달면 재미있고 독창적인 느낌이 더해진다.

3장

꾸준한 관리가
필요한 일들

현냉하게 소비하는 법

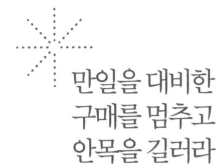

만일을 대비한
구매를 멈추고
안목을 길러라

"이거 정말 세 가지 색이나 필요해요?"

"필요는 없는데 혹시 모르니까요."

저는 개인 옷장 컨설턴트로도 일하고 있습니다. 이 일을 하다 보면 종종 '수수한 3색 씨'를 만납니다. 옷을 살 때 검은색, 남색, 회색처럼 색만 다른 옷을 세 장 사는 버릇이 있는 분들을 말합니다.

입어 보니 너무 마음에 들어서 자주 입기 위해 한 가지 색을 더 사는 것이라면 얘기는 다릅니다.

하지만 "무슨 색을 사야 될지 몰라서 전부 샀어요" 같은 사고방식으로 옷을 사면 옷장이 순식간에 가득 차 버립니다.

얼마 되지도 않아 세 가지 색을 샀다
는 사실조차 잊어버리고 '나한테 이런
옷이 있었던가?' 하며 갸우뚱하는 패
턴입니다.

이처럼 만일을 대비한 구매는 자신
의 결정에 자신감이 없기 때문에 보험을 들어 두는 버릇이라고도
할 수 있습니다. 일단 검정색을 사고 나중에 '역시 남색이 더 낫
다'고 생각하지 않으려는 것이죠.

하지만 이런 소비 습관은 무언가를 살 때의 당신의 결단력을
둔하게 만듭니다. 시간이 흘러도 물건을 보는 안목이 길러지지
않는 것이죠.

프로 디자이너들은 물건을 보는 수준이 굉장합니다.

그들은 소재 전시회에 갈 때마다 수백, 수천 가지나 되는 작은
원단 견본을 보고 계속해서 원단을 발주해 나갑니다. 아주 두꺼
운 샘플 북을 넘기며 결단을 내리는 속도가 정말이지 빛의 속도
만큼이나 빠릅니다.

매입 예산이 정해져 있기 때문에 당연히 '혹시 모르니 사 두기'
는 할 수 없습니다.

이런 결단을 반복해서 눈으로 보고 손으로 만지면 단번에 좋고 나쁨을 알게 됩니다. 그야말로 훈련으로 다져진 안목인 셈이죠.

쇼핑은 덧셈보다는 뺄셈으로!

'혹시 모르니 사 두기'를 멈추고 당신이 정말로 원하는 아이템 하나를 사는 버릇을 들이면 분명 안목이 길러질 것입니다.

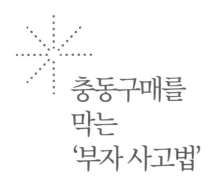

충동구매를
막는
'부자 사고법'

옷장에 옷이 넘쳐서 나중에 태어날 아이 방이나 남편 옷장까지 침범해 버린 당신. 단언컨대 방이 이렇게 어지러운 '멋쟁이'는 단 한 분도 없었습니다.

지금까지 옷장 컨설팅을 하며 300명 이상의 집에 방문했지만 예외는 없었습니다. 그 이유는 본인이 가진 옷을 제대로 파악하지도 못하고 있기 때문입니다. 만약 현관과 거실, 침실, 드레스룸에 냉장고를 한 대씩 두고 요리를 하라고 한다면 너무 번거롭겠죠.

이런 패턴을 가진 분은 어느 날 수납에 한계가 와서 옷을 대량

으로 버립니다. 하지만 깔끔해진 옷장도 잠시뿐. 반년도 지나지
않아 원래대로 돌아갑니다.

최근 20년간 옷은 굉장히 저렴해졌습니다. 옷을 쉽게 사고 버
릴 수 있는 시대가 된 것이죠. 그래서 '버리기'보다 '늘리지 않기'
가 더 어렵습니다.

'늘리지 않기' 위해서 제가 늘 지키려고 하는 것이 있습니다. 그
것은 멘탈리스트 DaiGo 씨의 《인생을 생각대로 조종하는 정리
의 심리 법칙》에 나오는 '부자 사고법'입니다.

무언가를 사고 싶을 때에는 스스로에게 '돈이 아주 많아도 그
것을 사겠냐'고 질문을 던져 보는 사고방식입니다. 예를 들어, 패
스트 패션 브랜드에서 3만 원짜리 트렌치코트가 판매 중이었다
고 합시다.

'마침 쿠폰도 쓸 수 있고, 생각해 보니 봄에 입을 코트도 필요
해. 마음에 드니까 한번 사 볼까?'

하지만 만약 돈이 무한하게 있다면 그 트렌치코트, 정말 사실
건가요?

'사실은 오래 입을 수 있는 버버리의 트렌치코트가 갖고 싶어.'

미음의 목소리에 귀를 기울이고 생각해 본다면 3만 원짜리 코

트에는 분명 손이 가지 않을 것입니다. 돈이 무한하게 있어도 정말로 그것을 살 것인지 곰곰이 생각해 보면 '나한테 정말로 중요한 것인가' 하는 생각에 이릅니다.

그럼에도 사고 싶은 옷이라면 분명 당신의 기억에 계속 남을 멋진 옷일 것입니다. 또 입고 싶고 소중하게 다루고 싶다는 생각이 솟아오르는 옷일 것입니다.

저는 직업 특성상 '안 입고는 못 살겠다'는 생각이 들 만큼 멋진 옷을 자주 만난다는 점이 고민의 씨앗이지만 말이죠. (웃음)

내 역사를 말해 주는
물건에
둘러싸이는 행복

물건에는 두 종류가 있다고 생각합니다.

하나는 자산이 되는 것, 다른 하나는 소모품입니다.

자산이 되는 것의 대표적인 예는 주얼리나 시계, 에르메스의 켈리백이나 버킨백처럼 3대에 걸쳐 물려 줄 수 있을 정도로 세월이 흘러도 품질이나 디자인이 낡지 않는 것, 그리고 '내 역사를 말해 주는 것'입니다.

저희 집 거실에는 여행지에서 산 추억이 담긴 물건이 잔뜩 놓여 있습니다. 신혼여행으로 간 바하마의 새하얀 유니폼을 입은 경찰관 모양 장식물(속에는 원래 가리브의 술이 들어 있었습니다), 가족 여행으로 갔던 파리에서 남편이 찍어 준 딸과 저의 뒷모습(팔 모양과 다리를 올린 모습까지 완전히 똑같아서 웃음이 납니다) 사진, 미술관을 좋아하는 제가 전시회에 갈 때마다 반드시 사는 미술관의 도록. 젊었을 때부터 조금씩 모으고 있는 스카프 등 하나하나가 저의 역사를 말해 주는 보물입니다.

예전에 어느 미니멀리스트의 집에 방문한 적이 있습니다. 넓은 거실 바닥에 앉아서 차를 마셨는데, 가구다운 가구가 하나도 없다 보니 어디를 향해 앉아 있어야 할지 몰라 정말이지 당황스러웠습니다. 입주 전의 공실을 둘러보러 온 사람처럼 데면데면했고 왠지 모르게 마음이 편하지 않았습니다.

방이 잘 정리된 것과 상관없이 그 공간에 사는 사람의 역사나 숨결이 느껴지지 않았기 때문이라고 생각합니다.

2019년 제가 좋아하는 벨기에 디자이너 드리스 반 노튼이 일본을 방문했을 당시 열린 파티에 초대받았을 때의 일입니다.

잔뜩 긴장한 저는 드리스 반 노튼의 신제품을 입고 파티에 참석했습니다. 근데 그곳에서 아주 충격적인 광경을 목격했습니다.

저처럼 갑자기 팬이 된 사람과 달리 확고한 신념이 있는 어느 고객이 거의 10년 전에 구입한 옷과 신제품을 멋지게 믹스 매치해 유일무이한 스타일을 뽐내고 있었던 것입니다.

그 옷에 대해 묻자 기분 좋은 미소와 함께 "이건 2012년 가을 겨울 컬렉션에서 산 건데 당시의 테마는…" 하고 대답해 주었습니다.

신제품은 돈만 있으면 누구나 살 수 있지만 10년 전의 컬렉션은 아무리 돈이 많아도 살 수 없습니다. 그만큼 역사는 가치를 매길 수 없을 만큼 귀중한 것입니다.

어른이 되는 즐거움은 자신의 역사를 말해 주는 것이 늘어난다는 것, 그리고 그 풍요로움에 둘러싸여 살 수 있다는 데 있다고 생각합니다.

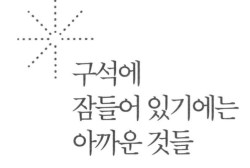

구석에
잠들어 있기에는
아까운 것들

"어렸을 적에 어머니는 일 때문에 바빠서 저와 잘 놀아 주지 않았어요. 저를 돌봐 주신 건 늘 아빠였어요."

"그렇게 생각했단 말야?"

"왜냐하면 어떤 사진을 봐도 엄마는 안 찍혀 있잖아요."

'저기, 그 사진 전부 내가 찍은 건데…'

초등학생이었던 딸에게 그런 말을 듣고 난 뒤로 가족사진은 반드시 함께 찍으려고 합니다.

저희 집 계단 공간이나 거실에는 그렇게 함께 찍은 가족사진이 잔뜩 걸려 있습니다. 스마트폰으로 아름다운 사진을 손쉽게 찍을 수 있는 요즘에는 찍어 둔 사진이 너무 많아서 막상 앨범을 만들려고 해도 좀처럼 시간이 나지 않습니다.

그래서 여행이나 입학, 졸업처럼 어떤 단락을 짓는 시점에 찍은 사진이나 다 같이 웃는 얼굴로 찍은 베스트 샷을 한 장씩 출력해서 가족사진 코너에 모아 두었습니다. 하나하나 액자로 만드는 건 일이기 때문에 커다란 액자를 사 두고 그 안에 새로운 사진을 추가하고 있습니다.

도록이나 각종 미술 서적도 책장에 꽂아 두기만 하면 그 존재를 잊어버리기 때문에 거실 난로 아래 공간이나 작은 책상 위에 쌓아 둡니다. 미술 서적은 표지도 예뻐서 그냥 쌓아두기만 해도 인테리어의 일부가 되어 줍니다.

모든 것이 깔끔하게 수납된 방에 살고 싶은 것은 아닙니다. 오히려 좋아하는 것, 소중한 것, 수집하고 있는 것처럼 저의 자산이 될 수 있는 것들을 매일 바라보며 살고 싶습니다.

물론, 이것저것 다 꺼내 두면 방이 너무 어지러워지기 때문에 핵심을 추려서 엄선한 것은 치우지 않기로 규칙을 정하는 것도 좋습니다.

애착이 있는 물건으로 가득한 방에 돌아오면 이곳이 마치 지상의 낙원처럼 느껴집니다.

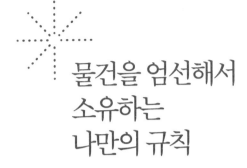

물건을 엄선해서
소유하는
나만의 규칙

자산이 되지 않는 소모품은 대충 골라도 되는가 하면 결코 그렇지 않습니다.

매일의 생활에 빼놓을 수 없는 베이직한 셔츠나 니트, 바지, 스커트는 땀이 묻거나 엉덩이나 팔에 쓸려서 낡아 가고 매번 유행에 좌우됩니다. 5년 정도가 지나면 기본적인 아이템일수록 실루엣이 오래된 옷처럼 보입니다.

옷이 많은 분들 중에는 기본 아이템을 지나치게 많이 사 모으는 분들이 있습니다. 예를 들어 어디에든 매치하기 쉬운 검은 바지를 쇼핑할 때마다 사는 식입니다.

이런 분은 한번 과감하게 옷장에서 옷을 전부 꺼내서 유형별로 나눠 보는 것이 좋습니다. 스키니 팬츠, 와이드 팬츠, 칠부바지처럼 말이죠. 그럼 검은색 스키니 팬츠만 30~40장씩 된다는 걸 알게 됩니다.

기본 아이템이 너무 많은 탓에 몇 번 입지도 못한 채 세월이 흐른 옷이 가득합니다. 유행은 지났지만 어디 하나 상한 데가 없어서 버리지도 못합니다.

'이제 검은색 바지는 그만 사야지…'

그 양을 자신의 눈으로 확실히 확인한 후에야 비로소 깨닫습니다.

소모품처럼 교체 주기가 짧은 기본 아이템은 총 몇 개가 있는지, 또 구매한 지 얼마나 되었는지를 관리하는 것이 중요합니다.

기본 아이템의 적정 개수는 사람마다 제각각입니다.

저는 지금 하는 일을 시작한 뒤로 화려한 옷을 입는 날과, 청바지와 셔츠를 입고 보내는 날이 늘어서 직장인을 위한 추천 코디에서 볼 법한 기본 아이템은 그다지 필요가 없어졌습니다.

저는 기본 아이템에 필요한 만큼 옷걸이틀 사 두고 가급적 늘

리지 않으려고 합니다.

옷의 관리를 용이하게 하기 위해 가능한 한 행거에 걸어 두는 것도 포인트입니다. 옷을 세탁한 후 말릴 때부터 행거에 걸어서 그대로 걸어 두면 주름도 생기지 않습니다.

기본 아이템은 상의와 하의는 3년, 재킷은 5년이 적정 교체 주기라고 생각합니다. 교체 주기가 되면 각각 옷의 구매 시기를 점검해 보세요.

이렇게 해서 오래된 옷 없이 일정량이 유지되는 옷장을 만들면 어디에 뭐가 있는지가 한눈에 보이고 옷을 찾는 번거로움도 줄어듭니다.

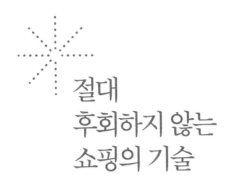

절대
후회하지 않는
쇼핑의 기술

영화 〈쇼퍼홀릭〉에 이런 장면이 있습니다.

일류 패션 잡지 편집자를 꿈꾸는 레베카 블룸우드는 쇼핑을 너무 많이 해서 청구서가 산더미처럼 쌓여 있습니다. 절약을 결심한 그녀는 신용카드를 냉동고에 넣어 얼려 버리지만 쇼핑을 시작하자 아드레날린이 솟구쳐 자신도 모르게 냉동고의 얼음을 깨부수고 신용카드를 꺼내 듭니다.

깔깔 웃으며 본 장면이지만 내심 이런 쇼핑 중독자의 마음을 알 것도 같았습니다.

20대부터 셀 수 없을 정도로 많이 쇼핑에 실패하면서 제가 직접 얻은 교훈이 있습니다.

'냉정한 판단을 할 수 없는 상황에서는 쇼핑을 하지 않는 게 좋다.'

2월과 8월에 의류 업계에서는 대회장을 대관해서 패밀리 세일을 합니다. 말도 안 될 정도로 옷이 팔리던 때는 문을 연 지 3시간도 되지 않아 입구에 행렬이 늘어섰습니다. 회장은 혼란 그 자체이고, 탈의실에서 옷을 갈아입으려면 30분을 기다려야 할 때도 종종 있었습니다.

이처럼 뜨거운 열기로 가득한 상황에서는 거의 무조건 '그 자리에서 옷을 갈아입는 아줌마'들을 목격할 수 있습니다. 치마 아래로 바지를 입어 보거나 캐미솔 한 장만 남기고 상의를 탈의하기도 합니다. 아마 보통의 옷 가게에 갔다면 결코 그런 대담한 짓은 하지 않을 것입니다.

하지만 시끄러운 음악이 울려 퍼지고 사람들이 경쟁하듯 비닐백에 옷을 쑤셔 넣는 상황에서는 누구나 조금 이상한 행동을 하게 되는 법입니다. 아, 물론 의류 업계 측은 그런 심리를 너무나 잘 알고 있고 고객을 부추기고 있는 셈이니 주의가 필요합니다.

또한 아주 지치거나 주눅이 들어 있을 때에도 사람은 냉정한 판단력을 잃습니다. 마음의 공백을 메우기 위해 물건을 사서 기분 전환을 하려고 합니다.

그럴 때마다 저는 옷 가게 대신 조금 사치스러운 디저트 가게를 가려고 합니다. 한입에 먹기 아까운 작고 고급스러운 케이크를 시간을 두고 천천히 먹습니다.

그럼 예쁜 것을 먹었다는 만족감, 혈당 수치 상승, 그리고 사이즈가 작아서 살 찔 걱정이 들지 않아 생기는 안도감. 이 세 가지가 세트가 되어 '스윽' 하고 마음의 잡음을 가라앉혀 줍니다. 물론 디저트 대신 꽃을 사는 것도 좋죠.

아무래도 실패가 두렵다면 비교적 한가한 평일에 쇼핑을 하러 가 보세요. 탈의실 앞에서 대기하는 사람도 많지 않고 점원에게 궁금한 것을 마음껏 물어 볼 수도 있으니까요.

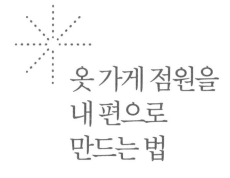

옷 가게 점원을
내 편으로
만드는 법

"이 옷에는 어떤 옷을 같이 입으면 좋을까요?"

옷 가게에서 마음에 든 옷을 발견했을 때 저는 옷 가게 직원에게 이런 질문을 자주 합니다. 그럼 "다른 사람의 조언은 필요 없지 않으신가요?"라는 말을 듣는데 저는 그렇게 생각하지 않습니다. 왜냐하면 코디의 정답은 하나가 아니기 때문입니다.

'와, 이렇게 입는 것도 신선하겠다.'

잘 시도하지 않는 색 조합을 배우면서 서랍장의 옷을 늘리는 절호의 기회입니다.

하지만 이런 말을 하는 분들도 있습니다.

"일단 옷 가게 직원이 말을 걸면 귀찮아요."

"강매를 당할까 봐 흠칫하게 돼요."

저는 의류 업계에서 일할 때 가게 앞 판매원 채용과 교육을 담당했는데, "왜 이 직무에 지원하셨나요?"라고 물으면 거의 대부분의 사람이 "옷이 좋아서요", "사람이 좋아서요"라고 대답했습니다. 옷 가게 직원들은 이 일이 좋아서 하는 경우가 많습니다. 옷을 아주 좋아하고 당신에게 꼭 도움이 되고 싶어 합니다.

판매하는 입장에서 가장 괴로울 때는 고객이 아무 말도 하지 않는 경우입니다. 무시를 당해서가 아닙니다. 진심으로 고객에게 도움이 되고 싶지만 아무런 정보를 주지 못했기 때문이죠.

판매원은 당신이 어떤 사람인지 알고 싶어 합니다. 그리고 어떤 옷을 입어야 아름답게 보일지, 어떤 옷을 추천하면 기뻐할지를 알면 알수록 좋은 조언을 할 수 있습니다. 경험이 적은 옷 가게 점원은 아무 말도 하지 않는 고객에게 점점 엉뚱한 말을 하게 되고, 그래서 고객은 집요하다고 느끼는 것입니다.

옷 가게 점원을 얼마나 잘 활용해서 내 편으로 만들 것인가. 이때가 바로 커뮤니케이션 능력이 뛰어난 중년 여성의 실력을 보여줄 때입니다. 좋은 조언을 이끌어 낼수록 당신은 멋지게 변신할 수 있습니다.

염두에 두어야 할 점은 '서로 배우고 서로 가르치는 정신'입니다.

당신이 누군가에게 당신의 전문 분야에 대해 가르친다면 당신이 선생님입니다. 하지만 그 반대의 입장이라면 당신이 학생입니다.

이렇게 생각하면 '좋은 조언을 해 줘서 고마워요'라는 말도 자연스럽게 나옵니다. 선생님에게 모르는 것을 모른다고 말하듯이 '마음에 들지만 예산 초과예요. 아쉬워요'라고 솔직하게 말해도 됩니다.

커뮤니케이션을 잘할 수 있다면 옷 가게 점원은 당신을 기쁘게 하기 위해 더 노력할 거예요.

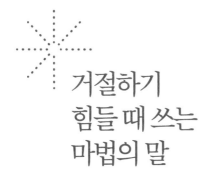

거절하기
힘들 때 쓰는
마법의 말

'입어 보면 무조건 사야 되는 거 아냐?'

'마음에 들지도, 어울리지도 않는 옷을 강매당하면 어떡하지?'

옷 가게에서 쇼핑을 할 때면 이런 걱정이 들죠. 그럴 때 쓸 수 있는 편리한 방법을 소개하겠습니다.

바로, '분명하게 말하고 미소 짓기'입니다.

옷 가게 점원이 가장 괴로울 때는 손님의 마음을 알 수 없을 때입니다. 손님이 탈의실에서 나와 아무 말 없이 옷을 돌려주고 그 길로 나가 버리면 온갖 생각이 듭니다.

'대체 뭐가 문제였던 걸까? 사이즈기 인 밎았던 걸까? 막상 입

어 보니 생각했던 느낌이랑 달랐던 걸까? 아니면 내가 뭔가 실수를 한 걸까?'

손님의 속마음을 알지 못한 채 괴로워할 수밖에 없는 것이죠.

앞서 '옷 가게 점원은 정보를 원한다'고 말했는데 이 또한 정보 부족 상태입니다. 점원은 고객에게 적절한 조언도 못 하고, 결과적으로 고객 입장에서도 아무런 득이 없는 상황인 것이죠.

이럴 때 점원은 고객이 자신의 생각을 구체적으로 확실하게 말해 주기를 바랍니다.

"입어 보니 예상 외로 살집이 눈에 띄네요. 다른 가게에도 좀 갔다 와 볼게요."

"지금까지 입어 본 것 중에 이게 제일 마음에 들지만 다른 가게도 둘러보고 올게요."

"오늘은 짐을 늘리고 싶지 않으니까 나중에 인터넷에서 살게요."

그럼 점원은 다른 사이즈의 옷이나 체형이 잘 드러나지 않는 옷처럼 당신이 더 좋아할 만한 상품을 제안해 줄지도 모릅니다. 또한 "천천히 둘러보고 오세요" 하며 미소로 배웅하고, 당신이 다시 가게를 찾아왔다면 "어서 오세요" 하고 환영해 줄 것입니다.

껄끄러운 말을 분명하게 전달하는 커뮤니케이션 스킬도 경험이 풍부한 중년 여성만의 능력이 아닐까요?

시어머니에게 마음에 들지 않는 선물을 받았을 때 거절하거나 별로 내키지 않는 학부모 점심 모임에는 나가지 않는 식이죠.

젊을 때에는 능숙하게 대처하지 못했을지 몰라도 경험이 쌓이면서 점차 어떻게 대처해야 할지 알게 되지 않았나요?

그 힘을 꼭 쇼핑 현장에서도 발휘해 보세요.

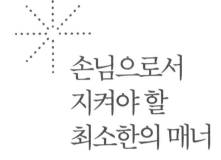

손님으로서
지켜야 할
최소한의 매너

해외 옷가게에 들어가면 점원들이 눈을 마주치며 "Hi!", "Morning!", "Bonjour!" 하고 인사해 줍니다. 이것은 '나는 당신이라는 존재를 보았어요. 만약 필요하다면 언제든 불러 주세요'라는 중요한 신호입니다.

따라서 그에 대한 응답으로 인사를 한다는 것은 '실례합니다. 잠시 가게 안을 둘러볼게요'라는 뜻을 전달하는 훌륭한 커뮤니케이션이 됩니다.

일본인을 포함한 동양인 중에는 이 간단한 아이 콘택트와 인사를 못 하는 사람이 너무 많습니다. 가게 점원과 눈도 안 마주치고 아무 말 없이 가게에 들어가 갑자기 상품을 이리저리 거칠게 만집니다. 타인이 당신의 집에 아무 말 없이 들어와서 갑자기 옷장을 헤집기 시작하면 불쾌한 기분이 들겠죠?

가게에 들어가면 가게 점원과 가능한 한 빨리 한 번 눈을 마주치고 웃는 얼굴로 가볍게 인사를 하면 됩니다. 특별히 어떤 말을 하지 않아도 좋습니다. 이것만으로도 고객으로서의 호감도는 한층 높아집니다.

자, 가게에 들어가서 다음으로 걱정되는 순간은 "찾으시는 상품이 있나요?"라는 질문을 받았을 때입니다.

대개는 "아니요, 특별히… (우물우물)"라고 말하거나 아무 말도 하지 않는 경우가 많은데, 가게 점원에게 정보를 제공해 주는 것이 좋습니다.

"길을 걷다가 마네킹이 입고 있는 원피스가 눈에 띄어서 잠깐 들어와 봤어요", "약속 시간까지 여유가 있어서 들렀어요. 구경 좀 할게요"라고 말하면 잠시 동안 원하는 만큼 가게 안을 둘러볼 수 있습니다. 또한 "인터넷에서 본 옷을 입어 보고 싶어요"라고 말한다면 곧바로 상품을 준비해 줄 것입니다.

즉, 당신이 지금 당장 도움이 필요한지 그렇지 않은지를 표현

하면 되는 것입니다.

가게에서 나올 때에도 "(보여 주셔서) 감사합니다" 하고 소리 내 말하기가 부끄럽다면 눈을 마주치고 미소를 지으며 고개를 살짝 숙여 인사해 보세요.

손님으로서의 최소한의 매너는 당신이 중요한 손님이 되기 위해 매우 중요한 것입니다.

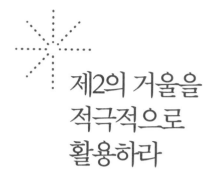

제2의 거울을
적극적으로
활용하라

중년 여성 중에는 한 사이즈 작은 옷을 고집하는 분이 적지 않습니다. 하지만 '들어갔다'와 '안 맞는다'는 다릅니다.

탈의실 내에서는 숨을 참고 배를 집어넣고 등줄기를 곧게 펴지만, 평소 생활하는 데 불편함이 느껴지면 옷에도 이상한 주름이 생겨 보기 흉해집니다.

사이즈가 걱정된다면 미리 한 사이즈 큰 것을 달라고 해서 두 가지 사이즈를 비교해 봅시다.

옷을 입어 봤다면 신발을 신고 탈의실 밖으로 나가서 가게 점원에게도 350도 체크를 부탁해 보세요. 등쪽에 생기는 주름은 직

접 확인하기 어렵기 때문입니다.

가게 점원을 내 눈에 잘 보이지 않는 각도를 비추는 제2의 거울이라고 생각해 보세요.

또한 "집에 있는 검정색 바지와 같이 입고 싶어요", "납작한 샌들과 매치하고 싶어요"처럼 원하는 코디 이미지가 있다면 가게 안에 있는 상품 중에서 최대한 비슷한 것을 골라 달라고 부탁해서 함께 입어 봅시다.

어차피 탈의실에 들어갈 거라면 하나를 입어 보는 것과 세 개를 입어 보는 것이 별반 다르지 않을 테니까요.

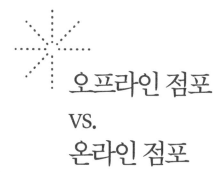

오프라인 점포
vs.
온라인 점포

온라인 점포의 좋은 점은 많은 브랜드나 상품을 ① 나란히 놓고 ② 효율적으로 ③ 볼 수 있다는 것이다.

　오프라인 점포의 경우에는 자신도 모르게 가 본 적 있는 가게에만 가는 경향이 있습니다. 하지만 엘르 숍(ELLE SHOP)이나 파페치(FARFETCH)처럼 대규모 온라인 쇼핑몰은 다양한 브랜드가 모여 있기 때문에 가령 '베이지 와이드 팬츠'라고 검색하면 여러 브랜드의 바지를 한 번에 보여 줍니다. 최근에는 인공지능(AI) 기능의 진화 덕분에 빅 데이터 분석에 따라 당신이 좋아할 만한 상품까지 추천해 줍니다.

다리가 띵띵 붓도록 돌아다닐 필요도 없고, 효율적으로 비교하고 검토할 수 있으며, 지금까지 몰랐던 브랜드를 발견할 기회도 늘어납니다. 사이즈가 안 맞을까 봐 인터넷으로는 옷을 잘 안 사는 분들이 있는데, 신장과 체중을 입력하면 적절한 사이즈를 알려 주거나 반품과 교환이 가능한 온라인 점포도 있으니 한번 이용해 보는 것을 추천합니다.

오프라인 점포의 좋은 점은 ① 직접 입어 보고 사이즈를 확인할 수 있다, ② 소재의 느낌이나 착용감을 실제로 느껴볼 수 있다, ③ 당신에게 더 잘 맞는 개인적인 조언을 받을 수 있다는 것이다.

이는 온라인 점포에서는 누릴 수 없는 점들입니다.

당신이 작년에 산 프린트 블라우스에 어울리는 하의를 사려고 한다고 합시다. 온라인 숍에서는 스태프 코디 사진을 통해 이번 시즌의 옷들을 어떻게 조합해서 입으면 좋을지는 알려 주지만, 당신이 갖고 있는 블라우스에 어울리는 하의까지는 추천해 주지 않습니다.

오프라인 점포라면 간단합니다. 그 블라우스를 입고 가서 "여기에 어울리는 하의를 찾고 있어요"라고 말하면 되기 때문이죠.

옷 가게 점원에게서 유익한 정보를 이끌어 내기 위해 어떤 곳에 입고 갈 때가 많은지, 어떤 느낌으로 입고 싶은지, 체형을 더 아름답게 보이게 해 주는 조합을 알고 싶다든지 같은 것들을 슬쩍 말해 보는 것도 좋습니다. 점원은 당신에게 도움을 주기 위해 함께 지혜를 짜내 줄 것입니다.

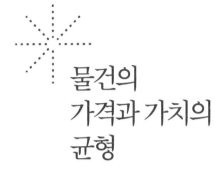

물건의
가격과 가치의
균형

1~2월, 7~8월의 세일 기간에는 사지 않는 편이 낫다고 생각하는 것이 있습니다. '이번 시즌에 유행하는 것'입니다.

가을 겨울 시즌에 유행하는 옷은 9월경부터 이미 3개월간 계속 팔리고 있습니다. 눈에 띄는 디자인에 트렌디한 옷은 그 시즌이 철입니다. 다음 해 가을에 다시 보면 갑자기 옛날 옷처럼 보입니다. 아무리 세일 때 싸게 샀다 하더라도 1월부터 3월까지 3개월밖에 못 입는다면 1회당 착용 단가가 꽤 비싸지죠.

의류 업계에서는 1년을 52주로 생각합니다. 새로운 상품이 팔리기 시작하고 나서 시간이 갈수록 장부상의 가격은 내려갑니다. 반 년 가까이 지난 것은 이월 상품(시즌을 넘겨 버린 상품)이 되어 그 가치는 정가의 절반 이하, 52주 이상이 지나면 가치가 아예 없어지는 경우도 있습니다. 그럼에도 팔리지 않는 상품은 소각해 버리는 경우도 적지 않습니다. 특히 너무 트렌디한 옷은 고기나 생선과 똑같은 생물이라고 생각하면 좋습니다.

단, 예외적으로 해가 거듭되어도 가치가 떨어지지 않는 옷이 있습니다. 바로, 에이징(aging)이 가능한 옷입니다. 오랫동안 입은 빈티지 데님은 신품보다 몇 배나 되는 가치가 붙는 경우도 있고, 가죽이나 데님이 몸에 맞기 시작하면서 생기는 특유의 느낌은 신품이 절대 흉내 낼 수 없는 맛입니다.

제가 애용하는 가죽 라이더 재킷은 올해 10년째가 됩니다. 어째서인지 추석 세일 품목에 있던 상품이었는데, 가격이 12만 엔(한화로 약 124만 원)이라서 당시에는 구매를 많이 망설였습니다.

전형적인 라이더 디자인에 너무 크지도 작지도 않은 사이즈, 가죽의 질도 흠잡을 데 없어서 분명 오래오래 입을 수 있겠다는 생각이 들어서 구매하기로 마음 먹었는데 정말 사길 잘했다는 생각이 듭니다

처음에는 단단하고 두꺼웠던 가죽이 입으면 입을수록 제 몸에 잘 맞기 시작하면서 광택이 생겼습니다. 1년 중 8개월은 입을 정도로 애용하는 아이템이라 가격이 비싸도 착용 횟수가 많아서 비용 대비 만족도가 높습니다.

최근에는 환경을 생각해서 에코 레더를 구매하자는 움직임이 있어서 앞으로는 진짜 가죽으로 만들어진 새 제품을 사는 대신 과거에 구매한 가죽 제품을 잘 관리하면서 활용하고 싶습니다.

옷이나 패션 아이템은 그저 오래 사용하기만 하면 되는 것이 아닙니다.

구입한 가격을 그 제품의 '제철'에 얼마만큼 착용했느냐로 나눠서 생각해 봅시다. 그래야 진정한 '비용 대비 효과'가 산출됩니다.

이 값을 물건의 가격과 가치의 균형을 측정하는 하나의 척도로 사용해 보면 어떨까요?

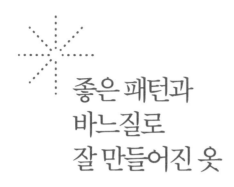

좋은 패턴과
바느질로
잘 만들어진 옷

'사 두고 싶은 곳'이라기보다 '체험해 보고 싶은 옷'을 추천하려 합니다. 바로, 바느질이 잘 된 재킷이나 코트입니다.

옷 중에서 가장 많은 조각으로 이루어져 있고 만들기 어려운 옷이 재킷 혹은 코트입니다. 옷의 길, 뒷길, 깃, 소매는 물론이고 내부에는 심지를 넣고 여러 층으로 쌓아 올린 어깨 패드를 넣으며 주머니 위에는 플랩을 달아 만듭니다. 보기보다 훨씬 많은 조각을 준비해야만 하고, 본래는 평면이었던 천을 인간의 복잡한 몸에 붙이고 교묘하게 바느질해야만 합니다.

따라서 재킷과 코트만큼 제품 퀄리티의 편차가 심한 아이템이 또 없습니다.

좋은 패턴과 제봉으로 만들어진 재킷은 옷걸이에 그저 걸어두기만 해도 안에 사람이 들어 있는 것처럼 입체적인 모양을 유지합니다. 그리고 입으면 등줄기가 쫙 펴지고 체형이 바로잡힌 것처럼 보이지만 갑갑함이 느껴지진 않습니다.

양복은 원래 어느 정도 이상적인 체형을 상정하고 그것에 몸을 맞춰 나가는 식으로 만들어지기 때문에 훌륭한 패턴으로 만들어진 재킷은 마치 보정 속옷을 입은 듯한 효과가 납니다. 그 착용감을 한번 체험하면 그렇지 않은 재킷과의 차이를 실감할 수 있습니다.

디자인이나 소재도 중요하지만 옷을 고를 때 패턴과 바느질이 얼마나 중요한지 모릅니다. 이른바 바느질이 잘 된 옷이란 어떤 것인지 공부한다는 생각으로 체험해 두는 것도 좋습니다.

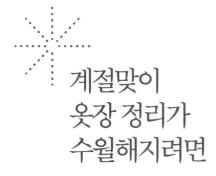

계절맞이
옷장 정리가
수월해지려면

계절맞이 옷장 정리는 참 큰일이죠. 저는 1년 동안 적어도 네 번은 옷장을 조금씩 정리합니다. 3월, 6월, 9월, 12월에는 반드시 합니다. 세일 전에도 대강 살펴보고 필요 없는 옷은 정리하거나 처분합니다.

이번 계절에 입지 않을 옷이나 더 이상 입지 않는 옷이 옷장을 차지하고 있으면 지금 가장 필요한 옷이나 입고 싶은 옷의 존재를 잊어버리게 되기 때문입니다.

옷장을 1년에 네 번 이상 조금씩 정리하면 한 번 할 때 걸리는 시간은 1~2시간 정도로 줄일 수 있습니다.

단시간에 끝나기 때문에 '옷장 정리=큰일'이라는 부담감이 줄었고, '해야지, 해야지' 생각만 하다가 계절이 바뀌어 버리는 일도 없어졌습니다.

시간과 마음에 여유가 생기기 때문에 옷장 정리를 하다가 갖고 있는 옷을 다 꺼낸 김에 코디 패턴을 몇 가지 만들어서 정리할 수도 있습니다. 그럼 옷장 속의 옷이 점점 사랑스러워져 빨리 입어 주고 싶다는 설렘이 부푸는 효과도 있습니다.

대청소도 '해야지, 해야지' 생각하면서도 연말 바쁜 와중에는 손을 댈 수가 없기 때문에 시간에 구애받지 않고 '오늘은 창문을 쓱 닦자', '모든 방의 거울을 닦자' 같은 식으로 여유가 있는 날에 청소할 곳을 정해서 조금씩 합니다. 그렇게 해서 대청소를 하지 않아도 되는 공간을 조금씩 만들면 연말에는 환기구 청소만 하면 됩니다.

나이가 들수록 청소나 정리를 하는 데 필요한 체력도 떨어질 테니 일의 양을 분산시키고 체력을 분배할 수 있도록 조금씩 자주 청소를 해서 옷장 정리나 집 청소를 큰일로 만들지 않으려고 노력하고 있습니다.

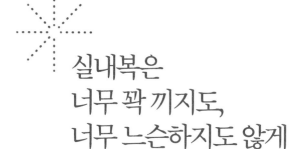

실내복은
너무 꽉 끼지도,
너무 느슨하지도 않게

집에서 스웨트 셔츠만 입었더니 복부 주변의 살, 통칭 '튜브'가 아주 순조롭게 자라났던 경험 없으신가요?

덤으로 메이크업을 거의 안 하고 민낯으로 지냈더니 갑자기 피부가 처지는 것 같은 느낌을 받은 적은 없으신가요?

'사람을 안 만나면 늘어진다.'

50세 이후에 제가 뼈저리게 느끼는 점입니다.

하지만 집에서 꽉 끼는 옷을 입으면 편하게 쉴 수 없습니다. 저는 집에서 '스웨트 셔츠 이상 외출복 미만'의 옷을 입습니다. 면이나 미 소재로 만들어진 옷을 아주 여유 있게 입는 것이 보통입니다.

흰 면 셔츠는 처음에는 빳빳하지만 세탁할수록 힘이 빠져 몸에 잘 맞습니다. 세탁, 탈수 후에 옷걸이에 걸어 두면 무게 때문에 주름이 펴져서 다리미가 따로 필요 없습니다.

또한 리바이스 501 데님도 평상복으로는 단골 아이템입니다. 허리와 다리가 꽉 끼지 않도록 여유 있는 스트레이트 타입을 애용하고 있습니다. 비싼 데님은 '촉감'이나 '수염(골반과 허벅지 부위에 생긴 고양이 수염 모양의 워싱)'처럼 데님 특유의 오래 입었을 때 나는 낡은 느낌을 일부러 가공해서 판매하는데, 데님을 사서 오래 입으면 이 느낌을 직접 만들 수 있습니다.

저는 마트에 장을 보러 갈 때 청바지 주머니에 열쇠를 넣고 일부러 손으로 주무르기도 합니다. 그럼 허벅지 주변에 멋진 빈티지 느낌이 생깁니다. 이전에 오카야마의 데님 생산자에게 배운 방법인데, 이것이야말로 데님을 '키우는' 묘미입니다.

옷은 펑퍼짐하고 얼굴은 민낯이더라도 매일 아침 작은 귀걸이와 향수는 꼭 착용하려 합니다. 이것은 일하는 모드로 전환하는 스위치 역할을 합니다. 아무도 안 만나고 집에서 하루를 보내는 날도 많아서 답답하지 않되 해이하지 않은 상태를 유지하려고 노력하고 있습니다.

○ 집안에서는 여유 있는 사이즈의 카디건에 고무줄 바지를 입으면 활
   동하기도 좋고 쾌적하게 생활하기도 좋다.

○ 데님은 입을수록 더 멋스러워진다. 데님과 함께 헐렁한 큰 셔츠는 집
   에서 가장 편하게 즐겨 입을 수 있는 스타일 중 하나다.

○ 리넨 소재의 옷은 입으면 입을수록 원단이 부드러워져서 몸에 잘 맞
   게 변한다. 편안한 니트 팬츠를 매치해서 품격 있게 릴랙스 모드로 스
   위치를 바꿔 보자.

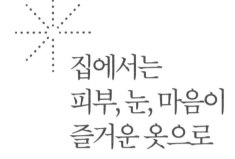

집에서는
피부, 눈, 마음이
즐거운 옷으로

우리가 옷의 소재에 영향을 많이 받는다는 점을 저는 고객의 표정을 보며 느낄 때가 있습니다.

사람들은 부드럽고 매끈한 감촉의 캐시미어 코트를 입으면 마치 디저트를 먹었을 때처럼 황홀하고 온화하고 부드러운 표정을 짓고, 빳빳하고 묵직한 트렌치코트를 걸치면 왠지 모르게 긴장된 표정을 짓습니다. 똑같이 '만족'해도 표정이 완전히 달라서 많이 놀랐던 기억이 있습니다.

사람은 오감을 가진 생물입니다. 그래서 피부에 닿는 옷의 '촉감'에 영향을 쉽게 받습니다. 까끌까끌한 니트를 입은 날에 묘하게 짜증이 났던 적 없으신가요?

저는 두꺼운 옥스포드 원단이나 브로드 원단으로 만들어진 셔츠가 세탁을 거듭해 부들부들해지거나 리넨을 오랫동안 입어서 표면에 부드러운 털이 서기 시작했을 때의 느낌을 좋아합니다.

새 옷의 촉감과 여러 번 세탁하고 난 뒤의 촉감이 모두 좋고 편안함이 느껴지는 소재가 있다면 꼭 확인해 두고 그 경험을 반복해 보세요.

한 가지 더 제가 추천하고 싶은 것은 집에서야말로 좋아하는 색이나 평소 입어 보고 싶었던 색, 기분이 좋아지는 색을 입어서 눈과 마음을 즐겁게 하자는 것입니다.

'아무도 안 보니까 괜찮아'가 아니라 아무도 안 보기 때문에 더 자유롭게 마음에 드는 색으로 골라 입을 절호의 기회입니다.

저는 꼼 데 가르송의 카디건을 아주 좋아합니다. 똑같은 디자인을 몇 장이나 갖고 있지만, 볼 때마다 기분이 좋아지는 선명한 빨간색은 집에서나 혹은 집 근처에 나갈 때 자주 애용합니다.

집에서야말로 당신의 피부와 눈이 기뻐하는 옷을 입어 보세요. 다른 누구가 아니라 내가 기분 좋아지는 옷을 말이에요.

4장

오십의 멋을
한층 끌어올리려면

몸과 마음을 가꾸는 법

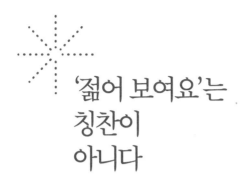

'젊어 보여요'는
칭찬이
아니다

인간은 누구나 나이가 들고 생물로서 늙어 갑니다.

다만 이 변화를 '노화'라고 받아들이는 건 스스로에게 불행의 저주를 거는 일이라고 생각합니다.

'나는 어제보다 오늘 더 늙었다.'

매일 아침마다 거울 속의 나에게 이런 주문을 걸면 내일에 희망을 걸 수 없게 될지도 모릅니다.

매일 자신의 얼굴에 싫증을 느끼고 불쾌한 표정을 지어 주름이 형성되기를 원하는 사람은 아무도 없을 것입니다.

얼굴이든 몸이든 우리는 늘 지근거리에서 스스로를 보기 때문에 팔자 주름이나 눈꼬리의 주름처럼 세세한 것들이 신경 쓰이는 법입니다.

하지만 사람에게는 '퍼스널 스페이스(personal space)'라고 해서 타인이 그보다 더 가까이 다가오면 숨막힘을 느끼는 거리가 있는데, 특별히 친한 사이가 아닌 경우라면 약 1.2미터에서 3.5미터 사이라고 합니다. 1미터 이상 떨어진 타인이 내 눈꼬리의 주름이 깊은지 어떤지를 알기는 어렵죠.

의외로 사람들은 당신이 걱정하는 세세한 부분까지 주의 깊게 보지 않습니다.

일단 '나이보다 어려 보여요'를 칭찬으로 여기지 말아 주세요.

이왕이면 '젊을 때보다 좋아 보여요'라는 말을 듣고 싶지 않나요?

그렇다면 내일의 나에게 희망을 걸어 볼 수 있지 않을까요?

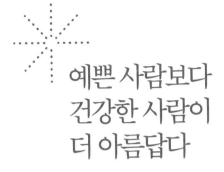

예쁜 사람보다
건강한 사람이
더 아름답다

젊을 때에는 큼지막한 눈이나 갸름한 턱처럼 하나하나의 부분이 얼마나 예쁜가가 중요했습니다. 하지만 어느 정도 나이가 들면 '얼마나 예쁜지'보다도 '얼마나 행복해 보이는지'가 '아름다움'과 더 깊은 관련이 있는 것 같습니다.

이목구미가 가지런해도 늘 미간에 주름이 잡혀 있고 입술이 시옷자로 굽어 있는 여성은 왠지 모르게 까탈스러워 보여서 말을 걸기가 꺼려지죠. 반대로 그다지 미인이 아니더라도 '아, 정말 멋진 사람이었다' 하고 향수의 잔향처럼 여운이 남는 사람도 있습니다.

예전에 모델로 일한 적 있는 여성분과 이탈리안 레스토랑에서 점심을 먹었을 때의 일입니다.

젊었을 때와 변함없이 군살 없는 늘씬한 몸매에 몸에 꼭 맞는 스키니 데님을 멋지게 소화한 그녀에게 내심 감탄을 했습니다.

그런데 그녀는 주문한 피자의 가운데 부분만 들쑤시듯 먹더니 험악한 표정을 지으며 피자의 끝 부분을 모두 남겼습니다. 식사를 하는 모습이 왠지 모르게 너무 괴로워 보였습니다.

스타일을 유지하기 위해 '피자'와 '스키니' 중 하나를 택해야만 했던 걸까 싶어 쓸쓸한 기분이 들었습니다.

행복해 보이는 사람의 공통점은 건강해 보인다는 점입니다.

관상학의 권위자 레슬리 A. 제브로위츠(Leslie Zebrowitz) 박사는 《얼굴을 읽다》에서 '인간은 남녀를 불문하고 건강해 보이는 얼굴을 좋아한다'라고 말했습니다.

오랜 옛날 혹독한 자연 속에서 어렵게 먹이를 구해 살아남았기 때문에 인간은 서로가 서로에게 필요한 존재인지에 대한 이해가 매우 중요합니다.

생존을 위해서는 가능한 한 오래 관계를 유지할 수 있는 건강한 사람을 좋아하게끔 진화해 온 셈입니다.

몸에 무리가 가는 과도한 다이어트나 미용법을 지속하면 젊을 때는 잘 안 드러날지 모르지만 중년이 되면 그 괴로움이 얼굴에 고스란히 드러나 버립니다.

그와 반대로 몸과 마음이 건강한 사람은 생기가 넘치고 건강한 분위기가 풍겨 더 아름다워 보인다고 생각합니다.

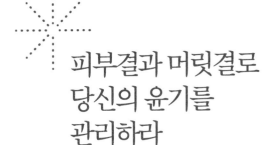

피부결과 머릿결로
당신의 윤기를
관리하라

건강미 넘치는 얼굴을 위한 가장 중요한 요소는 피부결과 머릿결입니다.

과거에 종종 같이 작업하던 유명 포토그래퍼가 이런 말을 한 적이 있습니다.

"잘 나가는 사람과 그렇지 않은 사람은 금방 구분할 수 있어요. 잘 나가는 사람은 피부에 광택이 나거든요."

광택이란 광대뼈 위나 이마처럼 튀어나온 부분이 '반짝' 빛나는 것을 말합니다. 잘 나가는 회사의 사장이나 에너지 넘치는 정치가는 분명 얼굴이 번질번질하죠.

포토그래퍼의 말에 따르면 피부결과 머릿결은 그 사람이 얼마나 인기가 있는지를 보여 주는 바로미터라고 합니다. 그러고 보니 인기 있는 유튜버 중에도 유심히 보면 얼굴이 번질번질한 사람이 많습니다.

중년 세대는 피부와 머리카락에 광택이 있고 없고에 따라 어울리는 옷까지 달라집니다. 머리카락이 상해 있고 피부가 칙칙하면 최신 유행하는 옷을 입어도 대비 효과 때문에 오히려 역효과를 낳습니다. 마치 2층까지가 신축인데 3층만 지은 지 50년 된 중고 빌딩과도 같습니다. 아무래도 부자연스럽겠죠?

물론 피부결과 머릿결은 애초에 타고나는 것이라고 생각하지만 제가 가장 중요하게 생각하는 것은 숙면과 식사와 자기 관리입니다. 평소 어떻게 생활하는지가 피부나 머리카락에 그대로 드러나기 때문입니다. 끼니를 잘 챙기지 않거나 담배를 많이 피면 얼굴에 곧바로 티가 납니다.

저는 메이크업을 한 채로 절대 자지 않고, 피부가 심하게 그을려지지 않도록 신경 쓰며, 영양제가 아니라 식사로 영양분을 취하거나 피로가 쌓이지 않게 관리하는 등 여러모로 주의를 기울입니다.

이는 피부결이나 머릿결을 위해서 뿐만 아니라 건강을 유지하기 위해 꼭 필요한 노력들입니다.

기본적인 스킨케어나 헤어를 관리한 후에 피부 광택을 내기 위해 제가 실천하고 있는 두 가지 루틴을 소개하겠습니다.

하나는 파운데이션을 얇게 바르고 하이라이트로 광택을 더합니다. 이마와 콧대, 광대뼈처럼 튀어나온 부분에 입자가 고운 미네랄 하이라이트 크림을 조금씩 바릅니다. 두꺼운 파운데이션으로 다크서클을 가리는 것보다 훨씬 쉽게 건강한 얼굴을 연출할 수 있습니다.

다른 하나는 면도입니다. 저는 한 달에 한 번 정도 집 근처에 있는 아주 평범한 이발소에서 얼굴의 솜털을 손질하고 있습니다. 에스테틱에 가는 것보다 훨씬 저렴하고 거무칙칙한 얼굴빛이 단번에 사라져서 꼭 추천하는 바입니다.

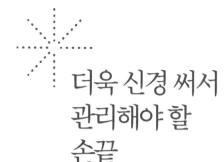

더욱 신경 써서
관리해야 할
손끝

제 유튜브 채널에 예전에 이런 댓글이 달렸습니다.

"손가락으로 사물을 가리킬 때 손끝이 아름다워요."

작은 스마트폰 화면으로 이렇게 세세한 부분까지 보고 있다니, 새삼 예리하고 세심한 여성의 관점에 놀랐습니다.

머리카락과 피부 외에 특히 관리가 필요한 것은 이처럼 의외로 시선이 가는 끝단, 즉 손끝입니다. 손은 아무래도 나이가 드러나기 쉬운 부분이기 때문에 손거스러미가 생기거나 손톱이 푸석푸석해지면 잘 눈에 띕니다.

또한 샌들을 신는 여름에는 맨발 관리가 신경 쓰입니다. 젊을 때와 달리 손톱에 아무것도 안 발라도 핑크빛을 띠고 광택이 나진 않기 때문에 가능하다면 여름만이라도 페디큐어를 발라서 화려하고 밝게 하는 것이 좋습니다.

손끝과 손톱은 눈에 잘 띌 뿐만 아니라 잘 관리하기만 해도 몸짓이 훨씬 우아해집니다.

매니큐어를 바르고 나서 손톱이 반짝이면 물건을 집어 올릴 때에도 평소보다 조금 더 차분해지지 않나요?

반대로 매니큐어가 벗겨져 손톱이 푸석푸석해지면 종이 박스를 맨손으로 난폭하게 여는 등 동작이 거칠어지기 쉽습니다.

손이나 발은 당신을 위해 매일 열심히 일하는 짝꿍입니다. 하루를 마무리할 때 단 몇 분만이라도 좋으니 아로마 오일이나 트리트먼트 오일로 마사지를 하면서 위로해 줍시다.

저는 목욕을 마치고 나서 코코넛 오일을 전신에 바르고 건조하고 손상이 심한 곳에는 바셀린을 바릅니다. 코코넛 오일은 식용으로도 쓸 수 있어 안심할 수 있고, 바셀린처

럼 가격에 비해 양이 많아 부담이 적습니다.

일주일에 두세 번 벨레다(Weleda)라는 브랜드의 마사지 오일을 바르고 마사지 봉으로 장딴지를 데굴데굴 마사지합니다. 식물 엑기스의 허브 향 덕분에 피로가 가십니다.

하루에 조금이라도 나를 위로하는 시간을 만들어서 손끝과 손톱을 아름답게 가꿨더니 몸동작까지 우아해졌다면 이것이야말로 일석이조가 아닐까요?

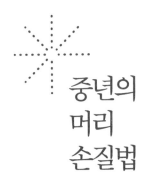

중년의
머리
손질법

제가 머리를 지금처럼 쇼트 보브로 한 것은 50대 중반을 넘기고 나서입니다. 둥글고 큰 얼굴이 콤플렉스였던 저는 젊을 때부터 늘 긴 생머리를 고집했습니다. 얼굴을 전부 드러내는 일은 결코 없었습니다.

그런데 40대 후반이 되자 '둥근 얼굴', '큰 얼굴'에 더해 '적은 머리숱'이라는 문제가 뒤쫓아 오기 시작했습니다. 원래 숱이 많지 않았던 제 머리는 볼륨이 현저하게 줄어들었고, 한여름에 땀을 흘리면 아주 납작해져 마치 삼각김밥에 붙어 있는 김 같아 보였습니다.

이대로는 안 되겠다 싶어 파마를 화려하게 하고 필사적으로 머리에 볼륨을 주었습니다. 그런데 파마로 풍성해진 머리카락으로 인해 얼굴은 더 커 보였고, 전체적으로 밸런스가 무너져 무엇을 입어도 멋이 나지 않는 상태가 되어 버렸습니다.

그럼에도 당시에는 머리카락을 자를 용기가 없었고, 결국 '방해만 안 되면 된다'라는 심정으로 파마를 고수했습니다. 저의 길고 긴 암흑기였습니다.

55세 때의 일입니다. 어떤 계기로 패션 블로그를 쓰기 시작했습니다. 패션을 논하기에는 아무래도 무리가 있다고 생각해 일대 결심을 하고 머리를 짧게 잘랐습니다.

우리는 균형감 있는 사람들을 가리켜 '팔등신'이라고 부르는데, 머리는 전신의 20퍼센트를 차지합니다. 머리 부분이 콤팩트하고 가벼워지자 밸런스가 눈에 띄게 좋아졌고, 그때까지의 고민이 거짓말처럼 사라지면서 다시 멋 부리기가 즐거워졌습니다. 또 파마로 인해 심하게 손상된 머리카락을 짧게 자르자 머릿결도 훨씬 건강해졌습니다.

중년에 접어들면 백발이나 약한 볼륨, 손상, 건조함 등 여러 차례 전환기를 맞이합니다. 이찌면 그때는 '나는 이게 어울린다'고

믿어 왔던 것들을 과감하게 내려놓고 새로운 나로 다시 태어날 수 있을지도 모릅니다.

저의 또 다른 야망은 '완전히 금발로 탈색하기'입니다. 흰머리가 늘기 시작하면 도전할 생각입니다. 아무래도 이때가 되면 불량배나 깡패처럼 보이진 않겠죠? (웃음)

해외 패셔니스타들의 올 블랙 코디가 멋진 이유는 머리카락 색이 밝기 때문입니다. 따라하고 싶어도 하지 못한 스타일에 도전할 기회라고 생각하고 있습니다.

좋아하는 일을 하며
무리하지 않고
걷기

제 취미는 여기저기 들르는 것과 서서 책 읽기입니다.

의류 업계에서 일하던 시절 한 상사는 "오늘은 신주쿠 ○○백화점에 다녀왔습니다"라고 말하면 "그래? 그럼 같은 층의 ○○에서는 뭐가 잘 팔리고 있는 것 같았어? 옆 건물의 유동 인구는? 최근에 생긴 로드 숍의 인테리어는 어땠어?" 하며 연달아 질문을 던지는 게 보통이었습니다.

"우리 회사 브랜드와 같은 상권 내에 있는 점포는 구석구석 다 꿰고 있어야지"라고 말하는 현장 중시형 상사에게 길들여져서 집에 곧장 돌아기는 일이 드물었습니다.

그렇게 어딘가에 가면 반드시 주변의 가게를 둘러보고 돌아오는 것이 지금도 몸에 배어 있습니다.

저는 인터넷이나 잡지에서 가 보고 싶은 가게가 있으면 미리 스마트폰으로 체크해 둡니다. 그리고 근처에 볼일이 있으면 간 김에 그 가게도 둘러보고 옵니다. 또한 '오늘은 다이칸야마 데이' 처럼 지역을 정하고 저장해 둔 가게를 빠짐없이 돌아보고 올 때도 있습니다. 정신을 차리고 보니 3개, 4개 역만큼의 거리를 걸었던 적도 있었습니다.

제가 운동다운 운동을 하는 습관 없이도 특별히 체중이 증감하는 일이 없고 건강한 이유는 아마 이처럼 '좋아하는 일을 하며 계속 걷는 습관' 덕분이라고 생각합니다.

달리기가 취미인 남편이 '함께 달리자'고 할 때도 있지만 저는 그저 무턱대고 계속 달리거나 수영하는 것을 잘 못합니다. 초등학생이나 중학생 때에도 다음 날 등산이나 마라톤을 해야 되면 하루 전에 '제발 내일 아침에 열이 나게 해 주세요'라고 간절히 기도를 할 정도로 싫어했습니다.

사람은 즐거운 일만 하고 살 순 없습니다. 디저트를 좋아하는

사람은 유명 디저트 가게를 순례하고, 고슈인(전국 시대 이후, 장군이
나 무사가 문서에 찍은 도장) 수집이 취미인 사람은 신사 불전을 순례하
는 것도 좋죠.

장시간 동안 해도 전혀 질리지 않는 일을 하며 걷는 것, 바로
이것이 오래 지속하는 요령이라고 생각합니다.

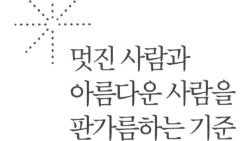

멋진 사람과
아름다운 사람을
판가름하는 기준

회사원 시절 같은 부서 후배 중에 아주 멋진 친구가 있었습니다.

남자치고는 특이하게도 색색의 옷을 잘 소화했는데, 노란색 배경에 크고 작은 검은 별이 가득한 넥타이나 피망처럼 반짝이고 선명한 녹색 셔츠에 진한 갈색 니트 타이를 매치하는 등 보통의 일본인과는 거리가 있는 색채 감각으로 세련되게 옷을 입었습니다.

그런데 그는 아침에 종종 지각을 했습니다. 너무나 당당하게 지각을 하고 회의실에 들어와서 '어쩌면 내가 회의 시간을 잘못 알려 준 게 아닐까' 하는 생각이 들 정도였습니다.

"오늘은 왜 늦었어?"라고 묻자 그는 태연하게 대답했습니다.

"신발이 옷에 안 어울리는 것 같아서요."

또다시 너무나 당당하게 대답해서 저도 모르게 선배라는 걸 잊고 '아, 그렇구나'라고 말할 뻔했습니다. (웃음)

밤색 구두냐 초콜릿색 구두냐 하는 차이였다고 하는데 이 정도는 본인이 말하지 않으면 알아채기 어려운 정도입니다.

"그렇게 집착해서 갈아 신을 필요는 없지 않을까?"라고 묻자 그는 "여자들은 얼굴이 예쁠수록 화장을 자주 고치지 않나요?"라고 답했습니다.

묘하게 일리가 있다는 생각이 들었습니다.

아주 멋지고 아름다운 사람은 남들보다 훨씬 부지런하게 자기 관리를 한다고 생각합니다.

그들은 그저 옷을 입기만 하고 그저 화장을 하기만 하는 데서 끝내지 않습니다. 뭔가 다르다는 생각이 들면 그때마다 바지런하게 수정해 나갑니다.

그 작은 수고가 사람들을 깜짝 놀라게 하는 아름다움을 만드는지도 모릅니다.

적어도 우리도 아침에 옷을 입으면 서울 앞에 서서 신발까지 신고 매무새를 정돈해 봅시다. 화장실에 갈 때마다 화장과 머리, 옷을 체크해 봅시다. 한 번 체크하는 데 30초 정도 시간을 들여 봅시다. 30초는 생각보다 꽤 깁니다.

오십부터는
미소 천재가
되자

스마트폰으로 사진을 찍으려다가 전면 카메라로 바뀌어서 무방비 상태의 내 얼굴을 보고 '우왁' 하고 놀랐던 적 없으신가요?

무방비 상태의 내 얼굴은 아무리 내 얼굴이라지만 상당히 당황스럽죠. 깊게 패인 팔자 주름이 더 어둡게 그늘지고, 입은 시옷 자 모양에. 다른 사람들이 보는 내 얼굴이 거울에 비친 모습이나 한껏 폼을 잡고 사진을 찍었을 때의 모습이 아니라 이렇게나 무뚝뚝한 표정인가 싶어 깜짝 놀라는 순간입니다.

저는 평소 의식적으로 얼굴의 절반 아래쪽에서 항상 미소를 지으려고 합니다. 입꼬리와 볼을 끌어올리고 눈가와 얼굴 윗부분은 평범하게 힘을 뺀 '보살 미소'입니다. 생글생글 웃는 얼굴보다 한 톤 낮춰서 왠지 기분 좋게 서성이는 듯한 느낌입니다. 이 표정이라면 자연스럽고, 무서워 보이지 않을 것 같습니다.

'이 사람은 진정한 미소 천재다!' 하며 감동한 사람이 있습니다. 바로 런던의 더 고링(The Goring)이라는 호텔의 도어맨입니다.

더 고링은 영국 캐서린 왕비가 윌리엄 왕자와 로열 웨딩을 올리기 전날 밤 일반인으로서의 마지막 밤을 가족과 함께 보내기 위해 머문 곳으로도 유명합니다. 1910년 창업 이래 한 가족이 변함없는 경영 방침을 유지하고 있는 유서 깊은 호텔입니다.

그 위엄 있는 호텔의 애프터눈 티 파티에 갔을 때의 일입니다. 입구에 노년에 접어든 한 도어맨이 온화한 미소를 지으며 서 있었습니다.

입구에 택시가 멈춘 뒤 그가 열어 준 문을 지나 로비에 들어서기까지의 불과 몇 초 동안 저는 그 도어맨의 멋진 미소에서 눈을 뗄 수가 없었습니다.

적당히 친밀하고 따뜻하고 우아했습니다. 마치 1년 만에 만난 친구를 현관에서 맞아 주는 듯했습니다. 그 미소와 우아한 몸짓에 저는 한순간에 최고의 캐시미어 코트에 포근히 안기는 듯한 기분이 들었습니다.

단 몇 초 만에 사람의 마음을 빼앗고 놓아 주지 않는 미소 천재란 바로 이런 사람을 두고 하는 말이라고 생각했습니다.

오랜 시간 갈고닦아 인간으로서의 후덕함이 있었기에 가능한 미소라고 생각합니다. 젊었을 때에는 보여 주기 힘든 미소지요.

미소와 몸짓만으로 사람을 따뜻하게 하고 행복한 기분이 들게 하는 존재로, 젊음이나 아름다움이 아니라 미소에서 느껴지는 분위기로 사람을 행복하게 하는 어른이 되고 싶습니다.

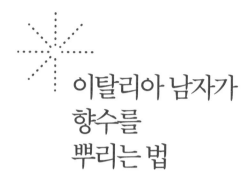

이탈리아 남자가
향수를
뿌리는 법

밀라노의 관광지 두오모 옆에 있는 오래된 백화점 라 리나센테에서 아주 재미있는 광경을 목격한 적이 있습니다.

몸에 달라붙는 검은 슈트를 빈틈없이 소화한 백화점 1층 화장품 매장의 남성 판매원들은 백화점 폐점을 알리는 음악이 끝나자마자 매장에 놓여 있던 샘플 향수를 일제히 집어 들었습니다. 그리고 천장을 향해 '칙칙' 하고 성대하게 향수를 흩뿌리기 시작했습니다. 그들은 그 후 천장에서 내려오는 연무 아래를 우아하게 통과해서 향수를 전신에 씌웠습니다.

저도 이 방법을 흉내 내서 시도해 보았습니다. 몸에 직접 향수를 뿌린다기보다 은은하게 전신에 뿌려지는 방식이었습니다. 정확히 뿌린다기보다는 몸에 감기는 느낌이었습니다. 그때부터 저는 이 방법으로 향수를 뿌립니다.

그 후 파리의 프라고나르 향수 박물관을 방문했을 때에도 향수는 손목이나 목덜미처럼 체온이 높은 곳에 뿌리면 본래의 향이 바뀌어 버리기 때문에 이 '공중 스프레이 방법'이 더 좋다고 배웠습니다.

멋진 남성들이 다들 들뜬 표정으로 성대하게 향수를 흩뿌리기 시작하는 모습은 장관이었습니다.

다른 날 폐점 시간에 다시 갔을 때에도 이런 광경을 목격했는데, 그들에게는 이것이 매일의 습관 같은 것이었겠죠.

'자, 업무 시간은 끝났다! 재미는 지금부터!'

그때부터가 그들에게는 본방이었을 것입니다.

향수는 업무와 사생활을 전환하는 스위치 같은 것이겠죠.

이처럼 온오프를 전환할 때, 가을에서 겨울로 계절이 바뀔 때, 아름다워지고 싶을 때와 일하는 나에게 기합을 넣고 싶을 때를 구분해 몇 가지 향수를 스위치처럼 바꿔 쓰면 멋지지 않을까요?

5장

인생의 품격을 결정하는
중년의 시간

현재를 누리고 즐기는 법

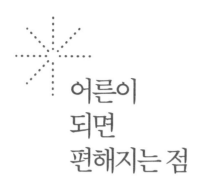

어른이
되면
편해지는 점

일본에서는 20살이 되어야 성인으로 인정받습니다.

20세부터 40세는 여성에게 '어른이 되는 시간'입니다.

그리고 40세부터는 '어른을 즐기는 시간'입니다.

20대는 젊다는 이유만으로도 약간 응석을 부려도 되지만 서른이 지나서부터는 갑자기 젊음의 마법이 들지 않게 됩니다. 그 후부터가 어른으로 가는 진정한 출발선입니다. 미인만이 득을 보는 시절은 끝났습니다. 이런저런 실패를 하면서 제각각 매력적인 성격을 갈고닦는 시기에 접어듭니다.

40세를 넘어가고 나서부터는 고생해서 뿌린 씨앗을 수확하는 시기입니다. 80세까지 산다고 가정하면 아직 절반에 해당하는 반환점입니다. 희망을 가져도 되지 않을까요?

왜 제가 이런 말을 하는가 하면 저 역시 20대 때는 젊음을 잃는 것이 두려웠기 때문입니다. 패션은 젊은 사람만의 특권이라고 생각하며 40세가 된 저는 너무나 절망스러웠습니다.

하지만 제가 막상 환갑 가까운 나이가 되어 보니 인간관계도, 멋도, 매일의 생활도 젊을 때보다 훨씬 편하고 즐겁습니다.

그래서 60대는 '다음 세대를 위한 시간'이라고 저는 생각합니다.

저는 58세에 유튜브를 시작했는데, 이 나이가 되면 나를 드러내는 게 더 이상 두렵지 않습니다.

멋없는 과거의 헤어스타일이나 형편없는 코디를 숨김없이 다 보여 줘도 '내 실패 사례가 다른 사람에게 도움이 되거나 누군가를 격려해 줄 수 있다면 괜찮지 않을까' 하며 함께 웃을 수 있습니다.

시청자분들에게 "미란다 엄마를 보고 나이가 드는 게 더 이상 무섭지 않아졌어요"라는 말을 들으면 진심으로 기뻤습니다.

누군가를 위하는 일이라고 생각하면 인간은 강하고 풍요로워질 수 있습니다.

　내가 체험한 것, 쌓아 온 경험이 다음 세대에게 도움이 된다면 그보다 더 행복한 일은 없을 것입니다.

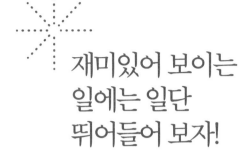

재미있어 보이는
일에는 일단
뛰어들어 보자!

저는 대학을 졸업한 후 의류 회사에서 15년간 일했습니다. 그 후 독립했고 플라워 디스플레이 일을 16년간 했습니다.

55살 때의 일입니다. 모 잡지 편집장이 제게 제안을 했습니다.

"와코 씨, 패션 기사를 써 보지 않을래요?"

업계를 떠나 수십 년이 지난 제게 왜 그런 제안을 했는지 지금 생각해 봐도 수수께끼지만, 저는 "할게요. 기꺼이!"라고 대답했습니다.

그래서 재활을 겸해 시작한 것이 현재 월간 조회 수 300만을 기록하고 있는 '미란다 엄마의 스타일 레시피'라는 제 패션 블로

그입니다. 만약 이때 편집장님의 제안이 없었다면 이 책은 절대 쓰지 못했을 것입니다.

16년이나 되는 공백을 깨고 해 보기로 결심한 이유는 오로지 이 생각 때문이었습니다.

'왠지 모르게 재미있어 보여.'

만약 이 일에 뛰어들어 실패하더라도 그때뿐입니다. 잠깐 부끄러울 뿐이지 그렇다고 목숨까지 빼앗길 일은 아닙니다.

나이가 들면 대체로 직감이 잘 들어맞습니다. 직감처럼 보여도 사실은 뇌 깊은 곳에서 이런저런 기억들을 끄집어내서 '잘될 것 같다'든가 '조금 힘들 것 같다' 등처럼 제대로 판단하기 때문이 아닐까 생각합니다.

'손해인가 이득인가', '돈이 될 것인가 안 될 것인가'도 물론 중요하지만 '하면 재미있겠다'는 느낌이 오는 일에 뛰어드는 것도 정말이지 중요합니다.

'패션 기사를 써 보지 않을래요?'라는 파도에 올라탄 이후 재미있어 보이는 파도에는 전부 올라타기를 반복하다 보니 4년 전에는 상상하지 못했던 제가 되어 있었습니다. 그리고 앞으로 1년 후에는 어떤 일을 하고 있을지 상상조차 할 수 없습니다. (웃음)

'될까 안 될까?' 같은 걱정은 별로 하지 않습니다. 할 수 있다고 믿으면 할 수 있습니다. 실패하더라도 재미있는 이야깃거리로 삼으면 그만입니다.

사람은 나이가 들면 가진 것도 늘어납니다. 그것을 내려놓기가 두려운 나머지 안전지대에 머물고 싶어질 때가 있습니다. 하지만 지키기만 해서는 새로운 바람은 불어오지 않습니다.

젊음이란 '발랄하고 경쾌한 마음'이 아닐까요?

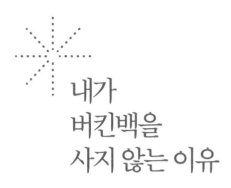

내가
버킨백을
사지 않는 이유

저는 에르메스를 아주 좋아해서 스카프를 300장씩 모은 적이 있습니다. 하지만 아직도 손을 대지 않은 것이 있습니다. 바로 버킨백입니다.

에르메스의 버킨백은 할머니가 어머니에게, 어머니가 딸에게 물려주는 시대를 초월할 정도로 완성도가 높은 가방입니다. 정규 매장에서조차 사기 힘들기로 악명이 높은데도 많은 여성에게 인기가 있습니다.

'나도 인젠가 어른이 되면 사야시'라

는 동경은 늘 품고 있었습니다. 다만 그렇게까지 완벽하고 보편적 가치가 있는 가방을 사면 '이제 이걸로 됐어'라고 안심하지 않을까 하는 생각 때문에 오히려 더 손이 가질 않았습니다.

저는 제 스스로가 늘 변화하길 원하기 때문에 버킨백을 사지 않은 것입니다.

패션은 살아 있습니다. 제2차 세계대전 이후 베이비 붐의 영향으로 1960년대 영국은 10대 인구가 증가해 '모즈'라 불리는 젊은 이들이 세계의 문화를 이끄는 존재가 되었습니다.

그들의 마음을 노래하던 비틀즈가 각광받는 동시에, 패션계에서는 메리 퀀트(Mary Quant)나 앙드레 쿠레주(André Courrèges)가 새로운 여성상을 내걸며 미니스커트가 출시됩니다. 미니스커트는 출시 후 눈 깜짝할 사이에 세계적인 규모로 유행하게 됩니다.

패션은 사회적인 배경이나 시대의 무드와 함께 늘 변화를 거듭합니다. 전 세계의 브랜드가 매년 새로운 컬렉션을 발표하는 이유가 바로 거기에 있습니다.

패션에 끝이나 목표는 없습니다. 패션은 결코 멈추지 않습니다. 따라서 패션을 바꾸는 것은 스스로에게 새로운 바람을 불어넣는 일입니다.

그때그때의 기분이나 생활 환경, 나의 외모나 체형의 변화에 맞춰 패션을 바꾸는 것을 두려워하지 않기. 멈추지 않고 매일 리프레쉬하고 변화해 나가는 내 모습을 즐기기. 멋을 즐긴다는 것은 바로 그런 게 아닐까요?

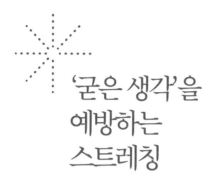

'굳은 생각'을 예방하는 스트레칭

　사람은 나이가 들면 혈관이 굳거나 몸이 딱딱해집니다. 하지만 그보다 더 성가신 것은 머리와 마음이 딱딱해지는 일이라고 생각합니다.

　'나 때는 이랬다'며 자신의 가치관을 밀어붙이는 완고한 노인이나 잘난 체하는 사람은 거북한 존재가 되어 버립니다.

　아무리 나이가 들어도 변화를 긍정적으로 받아들일 수 있는 유연한 머리와 마음을 얻기 위해서는 적절한 스트레칭이 필요하다고 생각합니다.

저의 하루 일과는 방에서 유튜브를 보면서 우당탕탕 에어로빅을 하는 것입니다. 처음에는 오른손과 왼다리가 동시에 나와서 땀을 삐질삐질 흘렸습니다. 간신히 따라했던 것도 반복하다 보니 더 이상 어렵지 않았습니다. 하지만 쉽게 느껴지면 몸속의 지방은 전보다 잘 타지 않게 됩니다. 인간은 익숙해지면 꾀를 부리게 되기 때문이죠.

한 번도 가 본 적 없는 나라에 여행을 가는 것도 마찬가지입니다. 처음에는 약간의 스트레스를 받습니다. 지도와 눈싸움을 하고 지하철에 타는 것도 쉽지 않습니다.

어떤 일을 처음 할 때에는 어쩔 수 없이 불안감과 불쾌감을 느끼게 됩니다. 하지만 별 생각 없이 할 수 있는 일만 가득한 환경에 푹 빠져 생활하면 그 쾌감에서 벗어나기가 점차 어려워집니다. 결국 그렇게 '딱딱해'지는 것입니다.

저는 하루에 한 가지 무언가 새로운 것을 도전하려 합니다. 말은 거창하지만 그리 대단한 일은 아닙니다.

늘 다니던 길보다 한 블록 더 가서 걸어 보기. 마트에서 장을 볼 때 늘 보는 순서를 평소와 반대로 해 보기. 식당에 가서 한 번도 먹어 본 적 없는 메뉴 주문해 보기. 읽어 본 적 없는 작가의 책을 읽어 보기.

소소하지만 의식하지 않으면 좀처럼 실천하기 어려운 일들입니다. 평소보다 좀 더 팔을 멀리 뻗는 느낌으로 쾌적하지 않은 일을 시도해 봄으로써 머리와 마음에 약간의 부담을 주면, 여차할 때조차 새롭게 도전하기가 그리 두렵지 않습니다.

재미있어 보이는 일을 찾았다면 망설이지 말고 가벼운 마음으로 일단 시작해 봅시다. 가벼운 발걸음과 함께 경쾌한 노년의 삶이 뒤따를 것이라 믿어 의심치 않습니다.

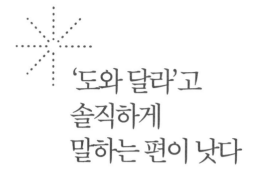

'도와 달라'고
솔직하게
말하는 편이 낫다

"패션에 대한 얘기를 한다면 동영상이 더 효과적이지 않을까?"

딸의 한마디 조언을 계기로 유튜브 채널 '미란다 엄마'를 시작했습니다. 유튜브를 보는 취미도 없던 제가 이 일에 도전할 수 있었던 것은 당시 대학생이던 딸 덕분이었습니다.

더듬더듬 이인삼각으로 기획부터 촬영, 편집까지 모든 걸 직접하기 시작해서 연간 구독자 수가 6만 명이나 되는 채널로 성장시킬 수 있었습니다. 젊은 사람의 감성이나 사물을 보는 관점을 배울 수 있는 매우 귀중한 경험이었습니다.

20대경에는 다른 사람에게 일을 잘 나눠 주지 못했습니다. 하나부터 열까지 설명해 주고 직접 하게 하는 것보다 제가 하는 게 훨씬 빠르다고 생각해서 일을 전부 끌어안는 것이 보통이었습니다. 다른 사람보다 두 배 많이 일한다는 묘한 프라이드도 있었을지 모릅니다.

하지만 점차 커리어를 쌓아 나가면서 저 혼자 할 수 있는 일은 별것 아닌 일이라는 점을 깨달았습니다. 애초에 저는 모든 교과목을 빠짐없이 공부하는 데 서투른 사람이었습니다. 좋아하는 일이나 잘하는 일은 얼마든지 계속할 수 있지만, 가령 장부를 정리하라고 하면 단 5분 만에 집중력이 흐트러졌습니다.

사람은 저마다 잘하고 못하는 것이 있고 나이가 들면 점점 그것을 선명하게 자각할 수 있게 됩니다. 따라서 '안 해도 되는 고생은 하지 않는다. 못하는 일은 다른 사람에게 솔직하게 말하고 도움을 구하면 된다'고 생각할 수 있게 되었습니다.

많은 여성이 일과 육아, 간호 등 다양한 역할을 짊어지고 열심히 노력하며 살아갑니다.

여성은 매우 성실한 존재입니다. 하지만 그 성실함 때문에 스스로를 궁지로 몰아넣으면 스스로도 괴롭고 주변 사람도 힘들어집니다. 가끔은 용기를 내서 '더는 못 하겠어', '좀 도와줘'라고 말해 보는 것도 필요할지 모릅니다.

저는 바쁠 때에는 저녁을 음식점에서 포장해 옵니다. 뿌루퉁해서 만든 저의 요리보다 음식점에서 사 온 음식이나 편의점 도시락이 훨씬 맛있기 때문이죠.

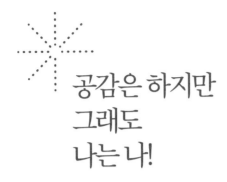

공감은 하지만
그래도
나는 나!

한 디저트 가게에 시끌벅적하게 들어온 4명의 여성이 나눈 대화입니다.

한 사람이 "어? 밤 말차 파르페 맛있겠다"라고 말하자 "말차 맛있겠다", "○○의 말차 롤케이크도 적당히 달아서 맛있었어", "말차는 비타민 C가 들어 있어서 미백 효과도 있대" 하며 한바탕 말차를 주제로 토론을 벌인 다음 "나는 딸기 타르트로 할래", "나는 가또 쇼콜라 먹어야지" 하며 주문을 하기 시작했습니다.

옆에서 듣고 있던 저는 문득 '뭐야? 말차는 안 먹는 거야?' 하고 딴지를 걸고 싶어졌습니다. (웃음)

그런데 이는 여성 특유의 대화 방식이라는 생각, 안 드시나요?

처음에 한 사람이 '말차 파르페 맛있겠다'라고 말했을 때 곧바로 '나는 딸기 타르트'라고 말하면 왠지 모르게 그 사람의 말을 무시한 것처럼 들리지만, 말차가 맛있어 보인다는 데 일단 공감을 표하고 나서 '나는 딸기 타르트'라고 말하는 건 괜찮습니다.

'공감은 하지만 동조는 하지 않는다'는 것이죠.

인간관계는 참 복잡합니다. 내 의견을 밀어붙이고 싶지만 무리 속에서는 벗어나고 싶지 않죠. 특이한 사람으로 여겨지고 싶지 않은 것입니다.

여자는 옛날부터 남자가 사냥을 나가 있는 동안 마을 사회에 협력하면서 육아나 요리, 집안 살림 등을 해 온 역사가 있기 때문에 조화를 깨뜨리지 않고 타인의 감정을 가늠하려는 성질이 있는 듯합니다. 따라서 여자들이 '나는 다른 사람에게 어떻게 비춰질까'에 민감한 것은 어쩔 수 없는 일인지도 모릅니다.

젊을 때는 다른 사람의 눈이 신경 쓰여서 어쩔 줄 몰랐던 저도 나이가 들면서 경험이 쌓여 꺽딩히 맞상구치며 앞서 말한 '일단 공감'하는 데 능숙해졌습니다. "아~", "그렇구나", "맞아", "와~" 등의 표현으로 말입니다.

온힘을 다해 상대방에게 공감을 표하면서도 '하지만', '그런데'는 생략하고 "나는 이렇게 생각해"라고 확실히 말함으로써 나중에 끙끙거리며 걱정하지 않습니다. 이렇게 해야 잠도 푹 잘 수 있고 미용에도 좋으니까요!

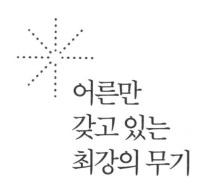

어른만
갖고 있는
최강의 무기

옛 회사 동료가 말했습니다.

"20대 때 와코 씨는 너무 무서웠어."

맞습니다. 지당한 말입니다. 저는 완벽주의자로, 비논리적인 것을 아주 싫어했습니다. 상사가 일을 잘못했다고 생각하면 철저하게 지적하고 싸움을 걸고 공격하는 타입이었습니다.

하지만 부하가 생기고 상사를 모시면서 팀 체제로 일하는 경험이 쌓이자 도망갈 데가 없을 정도로 사람을 몰아넣어서는 안 된다는 점을 깨닫게 되었습니다. 머리로는 받아들일지라도 마음이 꺾일 수 있기 때문입니다.

스스로에 대해서도 마찬가지입니다.

'매일 영어 공부를 하려고 했는데 지키지 못했어.'

'헬스장에 또 안 갔네.'

나를 엄격하게 통제하는 것은 대단한 일이고, 늘 그렇게 할 수 있는 사람을 진심으로 존경합니다. 하지만 '이런 것도 못하는 나는 형편없다'며 늘 자신을 원망하면 마음이 평온할 수 없습니다.

나이가 들수록 할 수 없는 일도 늘어납니다. 더 이상 젊은 용모를 유지할 수 없고, 작은 단차에 걸려 넘어지거나, 자전거로 한 번에 올라갔던 언덕을 오르지 못하게 되기도 합니다.

만약 그런 이유로 점차 자신감을 잃어 가고 있다면 떠올려 보세요. 나이가 든 어른은 '재량'이라는 최강의 무기를 갖고 있다는 점을 말이에요.

지나치게 노력하는 것도 아무런 노력을 하지 않는 것도 좋지 않습니다. 균형이 필요합니다. 스스로가 형편없어 보여도 궁지로 몰아넣지 않고 정도껏 용서해 보세요.

절묘한 재량으로 스스로를 질책하고 격려하고 관대하게 바라보고 용서할 수 있다면 분명 타인에게도 발랄하고 멋진 사람으로 비춰질 것입니다.

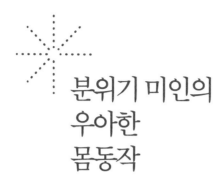

분위기 미인의
우아한
몸동작

가게에서 손님을 맞이하다 보면 아주 드물게 계산을 할 때 트레이에 짤랑 하고 동전을 던지듯 놓고 가는 사람을 만납니다. 정말 우아하다고 생각했던 분이 갑자기 이런 행동을 하면 왠지 모르게 보면 안 될 것을 본 것 같아 찝찝함이 남습니다.

옛날에 다도를 가르쳐 주셨던 선생님이 '두 가지 동작을 동시에 해서는 안 된다'고 말씀하셨던 기억이 있습니다. 정좌 자세로 맹장지를 열면서 동시에 인사를 해 보세요. 이보다 더 우스꽝스러운 모습이 또 없을 것입니다. 참고로 저는 이걸 직접 해서 선생님의 말문을 막히게 하기도 했습니다. (웃음)

후쿠사(다도에서 다구(茶具)를 닦거나 받치거나 할 때 쓰는 보)를 접고, 차기를 들고, 찻숟가락으로 말차를 떠올려 보세요. 모든 것이 매끄럽게 연속되는 동작이지만 결코 두 가지 동작을 동시에 하지는 않습니다. 그것이 아름다운 몸짓의 기본이라고 합니다.

멀티태스킹이 당연한 일상에서 바쁘게 일하는 여성은 한 번에 여러 가지 일을 동시에 진행할 때가 많습니다.

저도 바쁜 아침에는 스마트폰을 체크하면서 냉장고를 열어서 우유를 컵에 따르고, 입으로 베어 문 토스트를 우물우물하면서 가전제품의 스위치를 누릅니다. 하지만 생각해 보면 서두를 필요가 없는 휴일 점심시간에 이렇게까지 할 필요는 없습니다.

태도나 몸짓이 무서운 이유는 그것이 어느새 습관이 되어 버린다는 점입니다. 그리고 그 습관은 나도 모르는 순간에 튀어 나옵니다.

서두를 필요가 없을 때에는 동작을 하나하나 구분 지어 천천히 해 보세요. 그럼 왠지 모르게 '정성스럽게 생활하는 나'를 만난 것 같은 오묘하고 신기한 기분이 듭니다.

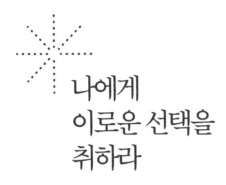

나에게
이로운 선택을
취하라

나이가 들수록 '나이 답게 보여야 한다는 압박'이 심해집니다.

'이제 마흔이니까 얌전하게 입고 다녀야지.'

'나도 애 엄마니까 엄마다운 옷을 입어야지.'

이는 대체 누가 정해 놓은 원칙일까요?

제 유튜브 채널 댓글난에도 '몇 살이세요?'라는 질문이 정말 많습니다.

사람은 잘 모르는 것에 대해 두려움을 느낍니다. '내가 아는 ○○ 씨랑 나이가 같네', '연예인 ○○ 씨랑 나이가 같네'처럼 나이가 같다는 이유만으로 처음으로 그 사람을 이해한 듯한 기분을 느끼며 마음을 놓습니다.

이와 비슷하게 '저 옷은 환갑에 가까운 아줌마도 입었으니 내가 입어도 괜찮을 거야'라고 생각하는지도 모릅니다. 그 기분 왠지 알 것 같긴 합니다.

하지만 사석에서까지 '~답게' 보이려고 의식해서 옷을 입을 필요가 있을까요?

저는 쇼핑을 하러 가거나 놀러 갈 때, 오늘 입고 싶은 옷이나 저의 개성을 끌어올려 주는 옷을 골라서 입습니다. 순수하게 그런 이유만으로 고릅니다. 그 마음은 20대 때부터 조금도 달라지지 않았습니다.

옛날의 환갑은 한 회사에서 무사히 근무를 마치고 경사스럽게 정년퇴직을 하는 나이였습니다. 그리고 편안한 여생이 시작되는 인생의 터닝 포인트이기도 했습니다.

하지만 현재에는 60세의 은퇴를 사회가 허락하지 않습니다. 아직 기력과 체력이 충분하기 때문입니다.

건강한 사람은 나이가 아무리 들어도 일을 하거나 지역 활동을 하거나 손자를 돌보는 등 젊은 세대나 사회에게 도움을 주고 청년들의 사회 보장비 부담을 줄여야만 합니다.

늙었다고 생각하는 사람부터 늙습니다. 나이는 아무런 의미가

오십의 멋

없습니다. 그러므로 '그 나이에 맞게 보여야 한다'는 저주에서 재빨리 도망치는 편이 당신에게 이로울 것입니다.

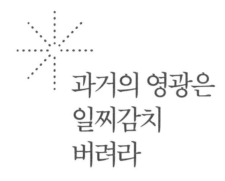

과거의 영광은
일찌감치
버려라

처음 만난 중년 남성이 명함을 교환하며 "저는 예전에 유명한 일부 상장 기업의 임원이었습니다"라며 자신의 이력을 새삼스레 강조한 적이 있습니다.

얘기를 잘 들어 보니 20년도 더 된 옛날이야기인 것도 있었습니다. "와, 대단하시네요" 하고 장단을 맞추면서 이 남자에게는 아마 20년 전이 인생의 최고점이었겠구나 하고 상상했습니다.

반대로 "작년에 일흔이 되었고 온라인상에서 군고구마 가게를 열었어요"라고 말하는 사람이 있다면 저는 그 사람의 이야기에 훨씬 더 흥미가 생깁니다.

이렇듯 '현재를 사는 사람'은 정말이지 매력적이지 않나요?

연배가 있는 분들 중에 훌륭한 실적을 올린 사람일수록 유튜브를 하다가 실패하는 케이스가 많은 듯합니다. 갑자기 고압적인 태도로 자신의 실적을 장황하게 늘어놓으면, 그 사람을 모르는 시청자 입장에서는 '그래서 당신 누군데?'라고 생각할 수밖에 없습니다.

새로운 미디어에 도전하고 싶다면 그 미디어를 제대로 연구하고, 구독자가 많은 채널이 어떤 식으로 운영되고 있는지를 겸허한 자세로 보고 배워야 합니다. '나는 이렇게 생각해'를 일단 옆으로 치워 두는 것이죠.

과거의 영광에 집착하기만 하면 그것에 칭칭 얽매여 새로운 일에 도전할 때 발목을 잡힙니다. 나이가 들어도 늘 성장하고 싶고, 새로운 내가 되고 싶다면 과거의 나를 버려야 할 때도 있는 법입니다.

저는 과거에 의류 기업의 회사원과 플라워 디스플레이 회사의 사장이라는 직업을 두 차례 버린 경험이 있어서 직업을 버리는데 대한 두려움이 없습니다.

패션 일을 다시 시작한 4년 전부터 제 직업은 매년 하나둘씩 늘

어났습니다. 패션 블로거부터 리메이크 디자이너, 유튜버, 브랜드 프로듀서까지.

'내년에는 또 어떤 일을 하고 있을까?'

그런 예측 불가능한 제 자신이 저 역시도 기대됩니다.

당신이
걸어 온 길에
답이 있다

'너는 열중할 수 있는 일이 있어서 좋겠다'라는 말을 들은 적이 있습니다. 무언가를 시작하고 싶어도 '내가 뭘 할 수 있는지도 모르겠고 뭐가 되고 싶은지 모르겠다'며 고민하는 분에게 들은 말입니다.

저는 TBS〈마쓰코가 모르는 세계〉라는 TV 프로그램을 좋아합니다. 말차 디저트를 7,000번이나 먹어 본 말차 디저트 연구가, 흰 쌀밥의 반찬으로까지 카레 빵을 먹는다는 카레 빵 마니아. 물도 마시지 않고 무조건 과일만 먹는 과일 연구가. 다들 좋아하는 것을 향해 돌진하는 방식이 에서롭지 않습니나.

스카프를 너무 좋아해서 300장이나 모은 적이 있는 제 입장에서는 강한 연민이 느껴집니다. 좋아하는 것을 정상 수준 이상으로 철저하게 파고드는 것. 그리고 그것을 몇 년씩 지속하는 일. 정말이지 '많이 좋아한다'는 것은 대단한 재능이라고 생각합니다.

당신이 식음을 전폐하고 열중할 수 있는 일은 무엇인가요?

오래 지속해도 질리지 않거나 괴롭지 않은 일은 무엇인가요?

지금까지 가장 몰입해서 했던 일은 무엇인가요?

당신의 무기는 결국 당신이 지금까지 걸어 온 길에 떨어져 있다고 생각합니다.

타인의 일을 무리해서 흉내 내기보다는 당신의 역사를 돌이켜 보고 어렸을 적부터 항상 흥미를 느꼈던 것에 보통 이상의 기세로 깊게 파고든다면 새로운 무언가가 시작될 것입니다.

일이든 취미든 열중할 수 있는 무언가가 있는 사람은 늘 생기발랄하고 매력적입니다. 그것을 발견한 사람은 진정으로 행복한 삶을 살 수 있다고 생각합니다.

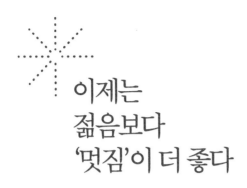

이제는
젊음보다
'멋짐'이 더 좋다

당신은 어떤 칭찬을 들었을 때 가장 기분이 좋나요?

저는 '멋있다'는 말을 들었을 때 가장 기분이 좋습니다.

'당신 참 미인이네.'

미인인지 아닌지 여부는 '타고난 것'과 깊은 관련이 있습니다. 따라서 미인이라는 칭찬은 '당신은 참 운이 좋네요(실력이 아니라 어쩌다 우연히 아름다운 얼굴을 가지고 태어났네요)'라는 말처럼 느껴집니다.

'당신은 참 젊네요.'

젊거나 젊지 않은 것 중 하나를 택해야 한다면 당연히 젊은 쪽을 택할 것입니다. 여러분두 동이하지 않나요? '젊네요'라는 말에는 그런 가치관을 강요하는 분위기가 슬쩍 비칩니다.

하지만 왠지 모르게 아쉬운 미인이 있죠. 얼굴은 예쁜데 몸짓에 품격이 없거나 '뭐지?'라고 생각할 정도로 말이 난폭한 사람 말입니다.

'젊다'는 것도 그렇습니다. 젊고 멋진 사람이 있는가 하면 그렇지 않은 사람도 있습니다. 인간은 생물이기 때문에 누구나 젊어지고 싶어 합니다. 그러나 언제까지고 젊음을 유지할 수는 없습니다.

'젊음'이 멋짐의 가치 기준이라면 멋있어지지 않는 것은 전부 시간문제가 되어 버립니다.

그에 비해 '멋지다'라는 말은 무적입니다.

'최선을 다해 일을 하는 모습이 멋지다.'

'정성스러운 생활 방식이 멋지다.'

'유머와 포용력이 넘치는 커뮤니케이션 능력이 멋지다.'

'멋지다'라는 말은 타고난 용모나 스타일에 대한 칭송이 아니라 살아가는 방식 그 자체에 대한 표현입니다.

살아온 모든 경험이 가점 대상이고 멋짐의 알맹이는 사람마다 제각각입니다. 그리고 나이가 들어 경험을 쌓으면 쌓을수록 '멋짐'의 씨앗은 늘어 갑니다.

'멋지다'라는 말에는 '미인이다' 혹은 '젊다'는 말을 가볍게 뛰어넘는 강력한 힘이 있습니다.

'나는 참 멋지다.'

스스로를 그렇게 칭찬할 수 있다면 그보다 멋진 일은 없을 것입니다.

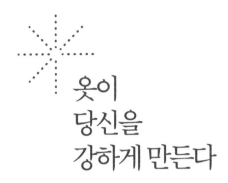

옷이
당신을
강하게 만든다

제가 예전에 옷장 컨설팅을 하면서 만났던 S씨의 이야기입니다.

S씨는 제가 그때까지 만난 사람 중에 가장 옷이 적은 여성이었습니다. 몇 장의 스웨트 셔츠와 셔츠, 청바지와 면바지가 1장씩, 그리고 조문을 갈 때 입는 옷을 합쳐도 10장밖에 되지 않을 정도로 옷장이 텅텅 비어 있었습니다.

"출산 후에는 아이를 돌보며 더럽혀져도 되는 옷, 입어 보지도 않고 쇼핑몰에서 그냥 집어든 저렴한 옷으로 가득했어요. 살짝 멋을 부려 보고 싶어도 옷장에는 직장 다닐 때 입었던 젊은 감성의 옷만 남아 있었어요. 전체적으로 저렴해 보였고, 이제 곧 35살이 되는 제게는 어울리지 않는다고 생각했어요. 그래서 갖고 있던 옷을 대부분 버렸는데, 그때부터 뭘 입으면 좋을지 모르겠더라고요. 편하게 입을 옷이 없어서 공원에서 다른 아이 엄마들을 만나는 것도 무서웠어요."

가냘픈 목소리로 그렇게 말하는 그녀는 지푸라기에라도 매달리는 심정으로 이 컨설팅을 신청했다고 말했습니다. "S씨는 앞으로 어떤 여자가 되고 싶어요?"라고 물어도 '음…' 하고 침묵하기만 할 뿐이었습니다.

저는 당장 그녀와의 옷장 컨설팅을 그만두고 둘이서 지하철 한 정거장을 더 가야 있는 백화점에 가서 일단 아주 많은 옷을 구경하기로 했습니다. 그러던 중 S씨는 어느 가게의 윈도 앞에 멈춰 섰습니다. 그녀는 노을 같은 오렌지색의 셔츠 원피스를 보고 있었습니다.

"입어 볼래요?"

"근데 이런 옷은 입고 갈 데가 없어요."

"그래도 일단 입어 보면 어때요?"

피부가 희고 머리카락이 새카만 S씨에게 그 맑은 오렌지색의 셔츠 원피스는 아주 잘 어울렸습니다. 나중에 그 원피스를 구입했다며 S씨가 문자를 보내 왔습니다.

그리고 2년 후 다시 만난 S씨는 몰라보게 예뻐졌습니다. 안경 대신 콘택트렌즈를 착용하고 화장 솜씨도 늘었으며, 검은 머리는 짧게 잘랐습니다. 목소리도 크고 힘이 깃들어 있었습니다.

"그때 그 오렌지색 원피스가 어울리는 사람은 어떤 사람일까 상상해 봤어요. 그러자 밝은 성격에 친구도 많고 행동력이 있는, 여배우 아야세 하루카 씨 같은 여성이 머릿속에 떠올랐어요. 그래서 저는 아야세 하루카 씨로 변신해 보기로 마음먹었어요. 제 자신에게 자신감을 갖지 못할 때마다 오렌지색 원피스를 입었는데 마치 옷이 저를 강하게 만들어 주는 듯했어요."

S씨는 벌써 아이가 초등학생이 되었고, 현재는 화장품 관련 인기 블로그를 쓰고 있다고 합니다.

옷은 가장 바깥쪽의 피부입니다. 몸의 일부로서 늘 당신과 함께합니다. 따라서 그 옷은 당신의 마음에 영향을 미치지 않을 수 없습니다.

늘 실용성만 따지고, 멋지고 화려한 옷은 입고 갈 데가 없다고 생각하지 않나요? 아무도 안 만난다고 해서 보풀이 일어난 스웨

터를 며칠씩 입고 있지 않나요? '어차피 나 같은 게 이제 와서 멋을 부려 봤자'가 입버릇이 되진 않나요?

과거의 나를 위해 옷을 고르는 사람은 없습니다. 누구나 앞으로 다가올 미래의 나를 위해 옷을 고릅니다. 옷은 내일의 나를 만드는 법입니다. 따라서 정성스럽게 옷을 고르는 일은 스스로를 소중하게 여기는 일이기도 합니다.

오십 이후에는
더더욱 멋지게!

2020년은 전 세계의 어느 누구나 경험한 적 없는 코로나 바이러스와 긴 싸움을 벌인 해였습니다.

어한 회사와 연이 닿아 저의 오리지널 브랜드 'JUST JOY'의 런칭을 준비하기 시작한 것은 도쿄에 긴급 사태 선언이 내려진 2020년 4월입니다.

모두가 정체를 알 수 없는 공포나 앞이 보이지 않는 불안감을 안고 있는 와중에 옷을 만들어 제안하는 일이 과연 세상에 얼마나 도움이 될지 고민이 많았습니다.

그럼에도 '이런 때일수록 옷의 힘을 빌리고 싶다. 옷이 사람의 마음을 얼마나 강하게 하고 용기를 북돋워 주고 밝게 만들어 주는지 알리고 싶다'는 강한 마음에 이끌려 새로운 브랜드를 만들기 시작했습니다.

브랜드명 'JUST JOY'는 '순수하게 기쁨이나 즐거움만을 위해서'라는 의미가 담겨 있습니다.

'어디에든 매치하기 쉬우니까', '무난하니까', '이 색이 잘 어울린다는 말을 많이 들어서'가 아니라 입으면 기분이 좋아지고 설렘을 느낄 수 있는 옷을 입기를 바랐습니다. 또한 나이와 무관하게 모든 여성이 적극적으로 멋을 즐겨 주었으면 하는 바람을 담았습니다.

상품 제작 과정은 제가 이전에 일했던 의류 업계와는 완전히 다릅니다. 통상 의류 상품의 기획이나 새로운 브랜드를 런칭하려면 일단 수많은 회의를 거쳐야 합니다.

시장 조사, 디자인 콘셉트 정하기, 한 시즌의 매출과 순이익 예상하기, 상품 구성 결정하기, 디자인 그림 그리기, 소재 고르기, 규정서 만들기, 공장 및 발주 수량 정하기, 완성된 샘플 모델에게 입혀 보기, 다함께 샘플에 대해 논의하기 등. 함께 일하는 사람들과 직접 만나지 않고 이 일은 절대 진행될 수 없다고 여겼습니다.

그런데 이번에 팀 멤버 대부분이 재택근무를 시작해서 미팅은

에필로그 · 오십 이후에는 더더욱 멋지게!

매일 라인(LINE)과 줌(Zoom)으로만 진행했습니다. 매일 어마어마한 양의 메시지가 오갔습니다.

소재의 견본 수첩이나 샘플이 든 종이 박스가 집에 도착하면 혼자 바스락바스락 열어서 직접 입어 보고, 때로는 옷을 입은 채로 수정할 곳에 핀을 꽂아 표시하고 다시 종이 박스에 넣어서 보내는 과정을 다음 날도 그다음 날도 반복했습니다.

6개월 동안 스태프와 직접 만난 건 불과 네 번뿐이었습니다.

그럼에도 어떻게든 예정했던 가을에 새 브랜드를 런칭했습니다. 당연히 오랫동안 의류 실무에서 동떨어져 있던 저를 열심히 서포트해 준 동료들이 있었기에 가능한 일이었습니다.

발매 후 2주 만에 모든 상품이 품절되었을 때에는 기쁜 마음보다는 이제 드디어 나를 서포트해 준 동료들에게 보답할 수 있겠다는 안도감으로 벅차올랐습니다.

그리고 무엇보다 기뻤던 순간은 고객들에게 "이렇게 가슴 뛰는 옷을 입은 것은 오랜만이에요", "코로나 때문에 사람을 만날 기회는 줄었지만 중요한 약속에는 정말 좋아하는 옷을 입고 멋을 즐기고 싶었어요" 같은 따뜻한 말을 들었을 때였습니다.

이 귀중한 경험을 통해 이런 생각을 하게 되었습니다.

'나는 아직도 성장 가능성이 있구나.'

옷을 만드는 것은 완전히 처음 하는 일은 아니었지만 예전과 똑같은 방법으로는 일할 수는 없었습니다. 그래서 마치 수수께끼를 푸는 듯했습니다. 하지만 막상 해 보니 어떻게든 할 수 있겠다는 생각이 들었습니다. 지금까지 내가 살아오며 익힌 모든 스킬을 총동원하면 미지의 것에도 과감하게 도전할 수 있다는 자신감이 있었습니다.

아마 제가 20대, 30대였다면 절대로 하지 못했을 일입니다. 나이가 들면서 쌓인 지혜와 경험은 젊을 때에는 미처 할 수 없던 일을 가능케 하는 힘이 된다는 말을 실감했습니다. 그리고 미래의 제 모습이 점점 더 기대되기 시작했습니다.

이 책을 마지막까지 읽어 주신 당신에게 처음과 똑같이 한 번 더 질문하고 싶습니다.

"눈앞에 마법사가 나타나 "당신을 20대로 다시 데려가 드릴게요"라고 말한다면 당신은 어떻게 할 건가요?"

"나이가 드는 것도 꽤 즐겁지 않을까요?"

조금이라도 이와 같은 생각이 당신의 마음 가운데 자리잡혀 있다면 그보다 더 기쁜 일은 없을 것입니다.

에필로그 · 오십 이후에는 더더욱 멋지게!

이 책을 위해 많은 힘을 보태 준 가토 쿄코 씨, 이토 쇼 씨, 구사마다 이스케 씨, 마쓰시마 가즈히코 씨, 사카마키 요시에 씨에게 이 자리를 빌려 진심으로 감사의 인사를 전합니다.

중년의 라이프에 품격을 더하는 법

오십의 멋

인쇄일 2022년 2월 25일
발행일 2022년 3월 4일

지은이 와코 모나미
옮긴이 김슬기
펴낸이 유경민 노종한
기획마케팅 1팀 우현권 **2팀** 정세림 현나래 유현재
기획편집 1팀 이현정 임지연 **2팀** 박익비 **라이프팀** 박지혜 장보연
책임편집 박익비
디자인 남다희 홍진기
기획관리 차은영
펴낸곳 유노콘텐츠그룹 주식회사
법인등록번호 110111-8138128
주소 서울시 마포구 월드컵로20길 5, 4층
전화 02-323-7763 **팩스** 02-323-7764 **이메일** info@uknowbooks.com

ISBN 979-11-92300-01-6 (03190)